Helmut Behensky

HUMANE ZUWENDUNG UND UNVERSCHÄMTHEIT

Gedanken und Tatsachen
über Zuwendung und Abhängigkeit

novum pocket

Bibliografische Information
der Deutschen Nationalbibliothek:

Die Deutsche Nationalbibliothek
verzeichnet diese Publikation in der
Deutschen Nationalbibliografie.
Detaillierte bibliografische Daten
sind im Internet über
http://www.d-nb.de abrufbar.

Alle Rechte der Verbreitung, auch
durch Film, Funk und Fernsehen, fotomechanische Wiedergabe, Tonträger, elektronische
Datenträger und auszugsweisen
Nachdruck, sind vorbehalten.

© 2011 novum publishing gmbh

ISBN 978-3-99010-192-6
Umschlagfoto:
Ing. Helmut Behensky
Umschlaggestaltung, Layout &
Satz: novum publishing gmbh
Innenabbildung:
Ing. Helmut Behensky (1)
Autorenfoto: Euro-Foto, Baden

Die vom Autor zur Verfügung
gestellten Abbildungen wurden in
der bestmöglichen Qualität gedruckt.

Gedruckt in der Europäischen Union
auf umweltfreundlichem, chlor- und
säurefrei gebleichtem Papier.

www.novumpocket.com

AUSTRIA · GERMANY · HUNGARY · SPAIN · SWITZERLAND

Inhaltsverzeichnis

Vorwort 7

Wintersaison 2009 10

Aber das Teuflische, hier wird's Ereignis 12

Der ungleiche Kriegszustand 18

Wieder etwas mehr auf der Sonnenseite 24

Die ambulante Therapie, Telefonate und Briefe 29

Die stationäre Therapie, Telefonate und Briefe 34

Die verschiedenen erfolgsversprechenden
Therapien 40

Die gefährlichen Krankenzimmererlebnisse 44

Hilfe der Blutdruck 51

In Gedanken versunken 54

Die böse Überraschung und die Zuwendung 67

Die schöne Schwester 69

Wieder auf freien Füßen und wieder gut sehen 71

Der Sache auf den Grund gegangen 75

Ein gutes Gespräch mit symbiotischen Aussichten
und ein Brief 77

Weiter aufwärts mit einer Nacht auswärts 81

Paulus der Gerechtigkeit einfordert 82

Woher diese Erkenntnis? 87

Literatur 91

Vorwort

Lange habe ich überlegt, ob ich meine Gedanken und Erlebnisse über humane Zuwendung und Unverschämtheit überhaupt in einem Buch niederschreiben soll.

Einerseits konnte ich wegen meiner physischen und auch psychischen Konstitution nicht und andererseits bin ich bis heute mit der Besserung meines Befindens schwer beschäftigt.

Mir wurde aber klar, dass viele Menschen für sich etwas gewinnen können, wenn sie sowohl meine schönen Erlebnisse von Zuwendung der Jahre 2009 - 2010 die ich erleben durfte, als auch die hässlichen Erlebnisse dieser Jahre, die ich erleben musste, nachempfinden können. Dies gilt besonders auch für die handelnden Personen. Durch unsere Freiheit und Verantwortung sind wir verpflichtet Unverschämtheiten aufzuzeigen, bevor sie uns tödlich über den Kopf wachsen. Jeder sollte darüber nachdenken, wie er in meinem Fall reagiert hätte. Solange er als Mensch noch gesund genug ist, hat er die Pflicht zu reagieren. Ist er nicht mehr gesund genug, bleibt ihm nämlich nur noch Abhängigkeit, ausgeliefert sein und die Hoffnung, dass die unmittelbare Umwelt sich der Menschenwürde verpflichtet fühlt.

Die Namen der Orte und der handelnden Personen (außer Dr. Shwu Ching LIN, Univ. Doz. Jian LI und Dipl. PT. F. Skalnik) wurden zwar geändert, die Handlungen selbst beruhen aber auf wahren Begebenheiten. Eventuelle Namensähnlichkeiten sind rein zufällig und nicht beabsichtigt. Ein Bezug zu tatsächlichen Handlungen ist gegeben und eine Aufmerksamkeit bei zukünftigen Handlungen ist nicht verboten, sondern durchaus zu empfehlen, um sich vor eventuellen Schäden zu schützen.

Es werden in unserer Gesellschaft sowohl Zuwendungen, sowie auch Unverschämtheiten meistens verschwiegen, oder verdrängt, weil ein Belobigungs- oder Beschwerdeweg meist zu umständlich bzw. zu aufwendig erscheint. Auch negative Folgen werden befürchtet. Unverschämtheiten werden ja meistens als übertriebener Einzelfall abgetan.

Viel besser wäre ja, wenn man an der richtigen und kompetenten Stelle ein sachliches Gespräch mit entsprechender Aufklärung und entsprechendem Lernerfolg und wenn nötig entsprechenden Konsequenzen erfolgreich führen könnte. Ist ein Mensch, aus welchen Gründen auch immer dazu nicht in der Lage, sollte, wo nötig ein aktiveres und unbürokratisches Controlling angeboten werden. Sicher aber dann, wenn es um die Gesundheit geht. Ein sachlicher und berechtigter Beschwerdeführer sollte nicht in die Rolle eines Bittstellers gedrängt werden.

Es wird bei positiven, aber viel mehr noch bei unverschämten Ereignissen zumeist zu lange zugesehen bzw. vorbeigesehen. Vielmehr können solche Ereignisse auch nicht immer sofort erkannt werden. Es ist kein Wunder, wenn dann in Folge eine vehemente Flut von weltlichen und religiösen Ereignissen über uns hereinbricht. Wenn z.B. eine Patientenbefragung über 90% Zufriedenheit ergibt, ist das eben eher eine Quantitative und nicht so sehr eine qualitative Aussage. Werden positive Ereignisse verschwiegen, fehlt die Vorbildwirkung. Warum wird oft eine sachliche Führungsverantwortung und Entscheidung nicht richtig wahrgenommen? Und zwar eine Führungsverantwortung bevorzugt durch überzeugen, statt zu befehlen.

Wir haben wahrscheinlich alle die notwendigen Problem- und Konfliktlösungen zu wenig gelernt, zu wenig gelehrt und zu wenig geübt.

So hoffe ich, dass dieses Buch vielleicht dazu beitragen kann, dass die vielen positiven Taten der Menschen nicht für selbstverständlich genommen werden und die unverschämten Taten von Menschen nicht tatenlos zur Kenntnis genommen werden.

Wir müssen auf die Machthaber in unserer Gesellschaft achten, die im Alltag zur parasitären Unverschämtheit neigen und dadurch aber den oft guten Ruf unserer Institute und Berufe schädigen oder gar die Gesundheit von Menschen gefährden. Dagegen muss etwas getan werden.

Lassen sie sich nicht täuschen, Unverschämtheiten und parasitäres Verhalten abzuwehren und aufzuzeigen hat nichts mit Vernadern, sondern mit Mut zu tun. Vernaderer also Verräter, sind nur solche, die Unschuldige unnütz einer Gefahr bzw. einer Verfolgung aussetzen.

Die Qualität der Kultur in Österreich lässt die meisten Menschen, wenn sie eine Institution, sei es ein Krankenhaus, eine Rehabilitationsanstalt, ein Amt, eine Partei, eine Schule, eine religiöse Institution usw. aufsuchen doch mit Recht eine ordentliche Sozialkomponente erwarten.

Und nun wünsche ich den verehrten Lesern viele Erkenntnisse und Aufmerksamkeit beim Lesen des Buches.

Wintersaison 2009

Mit großer Freude erwarteten wir wie immer die neue Skisaison. Wir schrieben Februar 2009 und hatten unseren Skiurlaub in Lech bestätigt. Lech ist für uns, und mit uns meine ich meine Frau, meine Freunde und mich, nicht nur eine wunderbare Naturlandschaft, sondern auch ein wunderschönes Wintersportgebiet.

Wunderschön deswegen, weil in dieser Landschaft nicht in erster Linie große und öffentliche Veranstaltungen im Vordergrund stehen, auch kaum Betrunkene gefährlich über die Piste rasen und andere gefährden, sondern in erster Linie Sportliebhaber in der schönen Natur unterwegs sind.

Ich habe in meinem ganzen Leben, nach Möglichkeit immer wieder Sport betrieben.

Jetzt in meinem Alter von fast 75 Jahren und in Pension sind mir der Fitnessklub, das Wandern und Schwimmen im Sommer und das Skifahren im Winter zu meiner großen Freude noch geblieben und sind mir diese Sportarten auch gesundheitlich noch gut möglich.

Der Spitzensport, der oft zu Recht oder zu Unrecht als Vorbild gehandelt wird, und im ORF eine breite Sendezeit einnimmt, ist für mich heute nicht so sehr maßgebender Faktor. Wenn die Skirennläufer oft mit mehr als 130 km/h über die meist glatt präparierten und gut organisierten Pisten rasen, dabei Ihre Gesundheit und ihr Leben riskieren, dann ist das toll, aber doch vielleicht wegen der gesellschaftlichen Beeinflussung manchmal zu hinterfragen. Besonders dann, wenn nur der oder die Erste als Sieger und der oder die Zweite und Dritte bereits als Verlierer hingestellt werden. Und das womöglich wegen einer hundertstel Sekunde und um den Stress und die Spannung noch mehr anzutreiben. Besonders bei den populären Rennen ist die Steigerung der Anforderungen an Geschwindigkeit bis zur Lebensgefahr, an glattpräparierte Eispisten, an Sensationslust an Verantwortung usw. ausgereizt und überzogen. Den meisten Besuchern ist dabei gar nicht bewusst was sie da bewundern und für wen sie das tun.

Meine Motivation zum Skifahren ist nicht die Werthaltung der Pistenkilometer-Rekorde, oder der riesige Skizirkus, sondern das beschwingte Fahren mit erstklassiger Ausrüstung, auch einmal so richtig laufen lassen, dort wo möglich und das lockere Schwingen über geöffnete Pisten und Strecken unter Nützung der natürlichen Hügel und Kurven, was mir ein wunderbares Gefühl mit der Natur im Rhythmus zu sein vermittelt. Ratio, du hast Vernunft Mensch, gebrauche sie. Obgleich ich gravierend festhalten möchte, dass mir Sportbegeisterte ungleich lieber sind, als Kriegsbegeisterte und Erstere die Letzteren vielleicht minimieren helfen.

Erst jetzt in Pension kann ich den Skisport so richtig genießen, denn als junger Mensch, in den Fünfziger-, Sechziger- und Siebzigerjahren lag das schöne Lech für mich in weiter Ferne und das, aus denkbar vielen Gründen. In meinen rund 45 Berufsjahren, auch verantwortlich für ein Ganzes Unternehmen und mehreren hundert Mitarbeiter, konnte ich mir ein „Eingeschneit werden" auf unbestimmte Zeit nicht leisten. Präsidenten und andere Honoratioren ließen sich zwar des öfteren mit dem Hubschrauber aus Lech ausfliegen, was aber für mich nicht infrage kam.

So war die Vorfreude auf den bevorstehenden Skiurlaub im März 2009 schon sehr groß.

Aber das Teuflische, hier wird's Ereignis

Als ich am 4. März 2009 morgens aufwachte, wusste ich mit einem Schlag sofort, alles war anders als sonst. Es war beängstigend, denn alles war so als wäre ich in einer anderen Welt. Auch der Skiurlaub rückte irgendwie noch unbewusst in die Ferne.

In meinem etwas unwirklichen Zustand konnte ich aber doch entsetzt feststellen, dass ich besonders meine linke Körperhälfte nicht richtig bewegen konnte. Speziell der linke Arm, die linke Hand und Finger ließen sich nur schwerfällig bewegen und gar nicht so, wie ich wollte, sondern in eigenwilligem Maße, unkoordiniert, so wie sie wollten oder nicht wollten. Ich schleppte mich aus dem Bett und stolperte mehr als man das Gehen nennen konnte in unser Speisezimmer.

Im Speisezimmer war schon meine Frau am Werken und mein Sohn hatte sich, weil er an diesem Tag erst später seinen Dienst antreten musste, ausnahmsweise zum Frühstück eingeladen. Mein Sohn lebt mit seiner Familie in unserem Zweifamilienhaus.

Beide sahen mich wegen meiner verkrampften Körperhaltung entsetzt an, mein Sohn half mir in den Fauteuil und stellte als promovierter Pharmakologe fest: „Du hast einen Schlaganfall."

Ich stellte zwar nach dem Aufwachen mit einem Schlag fest, dass alles anders war als sonst, aber jetzt sollte ich einen richtigen Schlaganfall haben?

Das gibt es doch nicht! Doch du hast nicht nur diese Körperhaltung, sondern auch einen schiefen Mundwinkel und eine verschwommene Aussprache. Du musst auf schnellstem Weg ins Spital.

Da möchte ich schon noch einmal darüber schlafen sagte ich immer noch ganz verstört, denn ich kann das alles nicht glauben. Meine erst kürzlich absolvierte, jährliche Vorsorgeuntersuchung ist wieder sehr gut verlaufen und die Ärzte sagten wie immer zu mir: „Gratuliere, sie haben das Blut eines gesunden Dreißigjährigen."

Kommt keinesfalls infrage stellte mein Sohn mit Bestimmtheit fest. Auch meine Frau, die sich von dem Schock etwas erholt hatte, riet mir vernünftig zu sein.

Mein Sohn versuchte meinen Arzt vergeblich telefonisch zu erreichen. Mein Arzt ist ein erfahrener Internist, aber wie das oft so ist, ist ein Arzt, meist dann, wenn man ihn am dringendsten benötigt nicht zu erreichen.

Nach weiteren Telefonaten meines Sohnes konnte für mich ein Spitalsbett gefunden werden. Nach einer verkürzten Morgentoilette half mir meine Familie in die Kleider und in das Auto meines Sohnes und ab ging es in das Spital.

Im Spital angekommen, konnte ich bereits nicht mehr gehen und man verfrachtete mich mittels Rollstuhl in die Aufnahme im Halbstock, wo bereits viele Menschen warteten, und sich mein Befinden weiter verschlechterte. Letztlich erfolgte aber meine Aufnahme von den dortigen Schwestern mit einer derartigen Liebenswürdigkeit und mit einem derartig sensiblen Humor, sodass sich trotz meiner Situation, wer will denn schon gern ins Spital, eine gewisse Heiterkeit einstellte und ich den Schwestern eine Torte versprach, was ich auch gehalten habe. Man glaubt ja gar nicht, was in so einem desolaten Zustand, in dem ich mich damals befand, freundliche Worte Positives bewirken können.

Das war die erste humane Zuwendung, die ich hier erleben durfte!

Nach der Aufnahme kam ich in den ersten Stock in die Erste Interne und wurde freundlich begrüßt. Im Spitalsbett, das ich nach kurzer Wartezeit zugewiesen bekam, wurde ich von Herrn Oberarzt Dr. Demel und den Schwestern medizinisch erstversorgt. Besonders die Stationsschwester Kirnbaumer sprach mit mir und den anderen Patienten in einer wohltuend freundlichen, verhalten humorvollen Art und Weise, wie man sie so warmherzige kaum wo findet.

Das war die zweite humane Zuwendung, die ich hier erleben durfte!

Kaum war ich erstversorgt, bin ich auch schon eingeschlafen, denn ich war, wie man so sagt, seelisch und körperlich am Ende.

Als ich wieder aufwachte, registrierte ich erst, dass ich in einem Dreibettzimmer untergebracht war. Links von mir lag ein älterer Herr, mit dem ich mich bekannt machte. Er war am Weg der Besserung und durfte bald nach Hause. Das war erfreulich. Aber rechts von mir lag ein junger Mann, der mir erklärte, dass man bei ihm etwas übersehen hatte. Er musste medizinische Stützstrümpfe tragen, war sehr traurig und wurde von seiner jungen Freundin und seiner Mutter immer wieder getröstet. Die Mutter sprach davon, dass sie seinen Arzt wegen eines Versäumnisses klagen wollte. Der junge Mann fragte auch mich um meine Meinung. In mehreren Gesprächen fragte ich ihn dann, ob durch die verzögerte Einlieferung für ihn nachweisbar ein Schaden entstanden ist. Er glaubte nicht, dass sich aufgrund der Verzögerung von zwei Tagen die Krankheit nachweislich verschlechtert hat. Ich empfahl ihm eventuell den Patientenanwalt, zu befragen. Ich sagte ihm auch, dass ich selbst aufgrund seiner Schilderung keinen richtigen Grund für eine Klage erkennen kann.

Später wurde ich in „meinem Spitalsbett" zu mehreren Untersuchungen geführt und die Untersuchungsergebnisse bestätigten den Schlaganfall.

Ein MR meines Schädels wurde veranlasst. In diesem zeigte sich ein „rezenter Ponsinsult" rechts. Therapeutinnen starteten mit mir aufgrund ärztlicher Anordnung eine physikalische, sowie logopädische Therapie. Geübt wurden meine Sprache, vor allem Versuche einer gezielten Bewegung meiner Arme und Hände.

Die Therapeuten waren sehr freundlich, sehr motivierend und geduldig.

Das war die dritte humaner Zuwendung, die ich hier erleben durfte!

Rechts von meinem jungen Nachbarn befand sich die Toilette mit Dusche und Vorraum. Gehen konnte ich nicht, aber ich schleppte mich, mithilfe einer Schwester auf die Toilette, wobei ich mich an den zwei Betten anhielt. Diese schwierige „Tortur", die mich bis zur Erschöpfung anstrengte, nahm ich wegen meiner Abneigung gegen eine Leibschüssel auf mich.

In der folgenden Nacht passierte es dann. Ich musste auf die kleine Seite. Es war circa drei oder vier Uhr Nachts, alles war still, nur ein leises Summen irgendwelcher verborgener Spitalsgeräte war zu hören, ich wollte niemanden aufwecken und keine Schwestern bemühen, die alle bisher sehr freundlich waren.

Die Spitalsbetten haben einen Handbügel, der auf einen Gurt oberhalb der Brust hängt, weiters, jeweils auf der Kopf- und Fußseite über die Bettbreite mit dem Bettgestell fest verbunden einen erhöhten vertrauenserweckenden dicken Bügel aus Edelstahl. Ich zog mich also auf in Sitzposition und wollte dann weiter über das fußseitige vertrauenserweckende Bettgestell, an dem ich mich mit aller Gewalt festhielt. Das Bettgestell hielt auch was es zu versprechen schien, aber ich hatte kein Stehvermögen, bekam „Übergewicht", und oh Schreck, das ganze Bett gab nach und rollte, während ich mit großem Lärm rücklings zu Boden fiel über mich.

Da lag ich nun am Rücken, das Bett über mir und circa zwei Meter von seinem ursprünglichen Standort entfernt.

Eine groteske Situation. Wegen dem Lärm durch meinen Aufprall am Boden schrien einige auf und so schnell konnte ich gar nicht schauen war ein kräftiger Sanitäter da und hob mich vorläufig in einen Sessel, der immer dastand. Nach gründlicher Kontrolle zeigte sich zur Zufriedenheit des besorgten Sanitäters keine ernstliche Verletzung und es blieben für mich nur ein paar gröbere schmerzende blaue Flecken über.

Der Sanitäter schob das Bett, alle Spitalsbetten stehen ja auf fixierten Rädern, wieder auf seinen ursprünglichen Platz, wollte mit dem dafür vorgesehenen Fußhebel die Räder und damit das Bett fixieren, dieser Hebel rastete jedoch nicht ein, schnappte immer wieder zurück und das Bett blieb ungebremst. Jedenfalls wusste ich jetzt, dass an meinem Paradesturz nicht nur meine Unfähigkeit schuld war. Der Sanitäter half mir noch auf die Toilette, brachte mich zu Bett, warnte mich noch ja nicht alleine aufzustehen, und wenn ich etwas benötige, soll ich mit der Meldetaste um Hilfe rufen. Über den schlechten Fußhebel sprach niemand mehr und ich in meinem kläglichen Zustand vergaß ihn.

Der zweite Tag im Spital verlief für mich mehr als abwechslungsreich. Am Morgen des 5. März begann bereits die laufende ärztlich und medizinische Betreuung.

Am Vormittag kam auch die freundliche Stationsschwester an mein Bett, überzeugte sich, dass ich vom nächtlichen Sturz doch keine ernstlichen Verletzungen hatte, und erklärte mir mit bestimmten, aber sehr freundlichen Worten, dass sie selbst, ihre Schwestern und Sanitäter für die Patienten da sind, und nahm mir das Versprechen ab, dass ich keine wie immer gearteten falschen Hemmungen haben darf und jederzeit die Schwestern rufen soll, wenn ich etwas benötige.

An diesem Vormittag bemerkte ich zum ersten Mal, dass links, gegenüber von mir und meinem Bett, ganz im Eck des

Zimmers ein „Geh-Wagen" stand, wie ich ihn schon mehrmals auch auf der Straße als Geh-Hilfe für Behinderte gesehen habe. Er unterschied sich nur dadurch, dass er statt vier Rädern nur zwei vorne, dafür hinten unter den zwei Handgriffen zwei metallene Beine hatte, mit denen man sich gut abstützen konnte. Dafür fielen die Handbremsen weg. Später erfuhr ich, dass man dieses Gerät auch Rollator nennt. Ich gab aber jedes weitere Denken an den Rollator auf, denn ich wusste, dass ich zur Verwendung des Rollators noch nicht fähig war. „Noch nicht" deswegen, weil man mir Hoffnung machte, dass sich mein Zustand bessern werde. Besonders die freundliche Stationsschwester Kirnbaumer und die Therapeutinnen sprachen mir Mut zu.

Der ungleiche Kriegszustand

Noch am Nachmittag des ersten Tages brachte man mich im Rollstuhl in den zweiten Stock in die Neurologie. Dort wurde ich im Vorraum abgestellt und nach einiger Wartezeit in den Behandlungsraum geführt. Vor der Tür konnte ich noch ein Schild OA. Dr. Vafanadis erkennen.

Als ich diesen Herrn erblickte, wusste ich sofort, die Situation wird sich dramatisch verschlechtern. Keine Antwort auf meinen Gruß, statt einer Vorstellung bzw. Bekanntmachung stand er von seinem Schreibtisch auf, nahm meine Hände und schrie mich das erste Mal an „AUFSTEHEN". Er zog mich mit den Händen hoch. Zog mich mit seinen Händen weiter und befahl „GEHEN". Obwohl ich schon einigermaßen nervös war, bemühte ich mich ein Bein mit großer Anstrengung vor das Andere zu ziehen. „GEHEN SIE ORDENTLICH UND LASSEN SIE DIE FÜßE NICHT SO AUF DEN BODEN PLATSCHEN." Bei meinem Zustand fand ich das als unangebrachten Befehl. Er musste mir die Anstrengung angesehen haben, denn er ließ mich in den Rollstuhl gleiten und befahl ganz unnütz „SETZEN".

Er nahm an seinem Schreibtisch platz, schaute auf ein Schriftstück, das auf seinem Schreibtisch lag, und sagte zu sich selbst: „Wer hat denn diesen Blödsinn wieder geschrieben?" Nach diesem Intermezzo wandte er sich wieder mir zu und mit dem gleichen Befehlston wie vorhin ging es weiter: „WANN BEGANN DER ZWEITE WELTKRIEG"?

Für mich 1938.

„FALSCH." In seiner „Schleiferplatzekmanier" hörte er das „Für mich" gar nicht. Schleifer, so nannte man im Zweiten Weltkrieg die brutalen Ausbildner von Angehörigen militärischer Truppen. An so einen erinnerte er mich auch.

Es war etwa Herbst 1943 und es regnete stark, als ich als Bub mit meinem Vater an der Schmelz in Wien 14 vorbeikam. Da war eine solche Ausbildung einer Truppe in Gang.

Ein Pfiff hieß „NIEDER" Zwei Pfiffe hießen „AUF, AUF, MARSCH, MARSCH". Und immer wieder, wenn einer bei „NIEDER" seinen Kopf nicht tief genug in den nassen Dreck steckte, hieb ihn der Schleifer mit seinem Stiefel oder Gewehrkolben auf den Hinterkopf. Einige konnten nicht mehr weiter. Da schrie mein Vater über den Zaun: „VATERLANDSSCHANDE."

Dann fasste er mich bei der Hand und wir rannten wie vom Teufel gejagt davon.

Zum Glück war da kein Ausgang in der Nähe, nach dem der wütende Ausbildner suchte, sonst wäre das Ganze sehr bös für uns ausgegangen.

Aber zurück zum Oberarzt. „WIE LANGE DAUERTE DER ZWEITE WELTKRIEG"? War der nächste Befehl!

Für mich insgesamt über sieben Jahre.

„SCHON WIEDER FALSCH"! Das „für mich insgesamt" überhörte er wieder.

In mir kochte es. Aber er wollte einfach nicht wahrhaben, dass ich mich hier kurz nach einem Schlaganfall befand. So ein Schlaganfall ruiniert einen nicht nur physisch, sondern auch psychisch. Das war ja keine Anamnese, was der da mit mir machte, das war ja eine Befehlsausgabe. Herr Dr. Vafanadis hatte ja keine Ahnung was zweiter Weltkrieg überhaupt hieß! Er hatte ihn nicht erlebt, aber ich um so intensiver.

Wäre das eine Untersuchung, was er mit mir machte, müsste er auf mich eingehen und mich fragen was meinen sie mit „für mich".

Ich war sehr deprimiert und in mir lief ein „Film" des Zweiten Weltkrieges im rasanten Zeitraffer ab, aber ich konnte mich, auch wegen meiner Sprachschwierigkeit, nicht so recht artikulieren und brachte keinen ganzen Satz hervor.

Das war ein sehr ungleicher Krieg zwischen uns. Vor allem der Ton, den dieser Oberarzt Vafanadis anschlug, und seine ganze Vorgehensweise war sadistisch, entwürdigend und verschlechterte meinen Zustand zusehends. Das krasse Gegenteil von heilenden Worten. Ein Oberarzt müsste doch wissen, dass die richtige Wortwahl und Anteilnahme Selbstheilung bewirken kann. Da ahnte ich noch nicht, dass mir in meinem Krankheitsverlauf noch schlimmeres passieren könnte.

Folgender Film lief in mir im rasanten Zeitraffer weiter.

Am 13.03.1938 proklamierte Adolf Hitler den Anschluss Österreichs an das Deutsche Reich. Fast zur gleichen Zeit sind deutsche Truppen in Österreich einmarschiert.

Sehr viele waren am Heldenplatz, weil sie sich eine Besserung ihrer schlechten Lage versprachen, denn wo man hinsah, nur Arbeitslose und Elend. Der Zweite Weltkrieg wurde durch viele Gründe und durch die tristen Vorkriegsjahre irrational aufbereitet. Dass es nicht alle waren, die „am Heldenplatz waren", soll nichts entschuldigen. Diejenigen aber, die etwas weiter dachten, so auch mein Vater, sagten: „Das bedeutet Krieg." Daher begann für mich der Krieg am 13.03.1938.

Am 09. und 10.11.1938 kam es zur Reichskristallnacht. Goebbels und die NSDAP organisierten ein Vorgehen gegen die Juden.

SA und NSDAP Trupps zündeten die Synagogen an, plünderten jüdische Geschäfte und töteten Juden. Zehntausende Menschen und nicht nur Juden wurden verhaftet und in Konzentrationslager gesteckt.

Die NSDAP begründete ihr Vorgehen vage mit dem Attentat des polnischen Juden Grünspan auf den deutschen

Gesandten in Paris. Grünspan wieder begründete seine Tat mit der Ausweisung seiner Eltern von Deutschland nach Polen. Was die Ausweisung der polnischen Juden bedeutete, wusste man. Sie mussten im Niemandsland umherirren. Mit dem Attentat wurde auch genau so vage die Verfolgung der Juden begründet.

Der Reichstag beschloss die Nürnberger Gesetze und die Hakenkreuzfahne wurde Reichsflagge. Nach dem Rücktritt Kurt von Schleicher ernennt Paul von Hindenburg Adolf Hitler zum Reichskanzler.

Ohne vorheriger Kriegserklärung und wegen einer inszenierten Grenzverletzung marschieren deutsche Truppen in Polen ein.

Am 01 September 1939 hörte man Adolf Hitler aus dem Radio: „Seit 4 Uhr 45 früh wird jetzt zurückgeschossen. Der Zweite Weltkrieg nahm unaufhaltsam seinen massenmordenden Verlauf. Heroische Kampfberichte und sakral organisierte massenpsychotische Veranstaltungen waren an der Tagesordnung.

Später rannten wir dann nicht nur einmal um unser Leben. Verkrochen uns im Eisenbahntunnel und im Keller. Einmal fand ich Linda tot neben einen Bombentrichter liegen. Linda war die Tochter einer eng befreundeten Familie. Das war für mich ein großer Schock. Linda war ein schönes Mädchen, eigentlich schon eine junge Frau, die mich mochte, immer an ihren Busen drückte und in mir erste zarte Gefühle erweckte. Und sie hatte nicht nur einen schönen Busen, sondern auch schöne Augen und fesche Beine.

Entsetzlich, da lag sie jetzt, regungslos im Bombendreck. Das habe ich nie vergessen. Gegen Kriegsende war das Deutsche Reich wirtschaftlich und militärisch am Ende. Allgemeine Kapitulation der deutschen Wehrmacht erfolgte im Mai 1945. Die deutschen Städte lagen in Trümmer. Im asiatischen Teil des Zweiten Weltkrieges genehmigte Harry S. Truman den Abwurf von Atombomben. Eine Atombombe traf am 06. 08.1945 Hiroshima und eine zweite am 09.08.1945 Nagasaki. Diese Termine kann ich nicht vergessen, vor allem weil sie der Superlativ der Hölle des Zweiten Weltkrieges waren und weil ich später japanische Geschäftsfreunde hatte. Der japanische Kaiser kapitulierte am 14.08.1945.

Im Zweiten Weltkrieg kamen 55 Millionen Menschen zu Tode. Mehrheitlich Zivilisten. Verletzte und Geschädigte nachfolgender Generationen gar nicht zu zählen. Ich selbst war entsetzlich unterernährt und sehr geschwächt, was auch noch Spätfolgen für mich hatte.

12.03.1938 Einmarsch, 14.08.1945 Kapitulation, das sind für mich 7 Jahre, 5 Monate und 2 Tage.

Zurück zum Oberarzt. Der nächste Befehl lautete: „DIE BUNDESPRÄSIDENTEN RÜCKWÄRTS"? Mit der Beantwortung dieser Frage schien er einigermaßen zufrieden, denn er befahl: „SIE KÖNNEN JETZT GEHEN." Dann sagte er noch demonstrativ: „Und jetzt brauche ich eine Pause." So als hätte er sich mit mir besonders anstrengen müssen. Was für mich auch alles andere als aufbauend war.

Dies war die erste größere Unverschämtheit, die ich hier erleben musste!

Gehen war gut, ich konnte ja gar nicht gehen. Man schob mich mit dem Rollstuhl wieder aus dem „Behandlungsraum", beförderte mich mit dem Aufzug in den ersten Stock wieder in die Erste Interne und hievte mich in das Bett. Ich war, wie man so sagt erledigt. Mir wurde durch meine Reaktionsverzögerung, bedingt durch den Schlaganfall erst jetzt so richtig klar, wie dieser Arzt mich missbraucht hat. Er fühlte sich über alles und jedem erhaben, glaubte einer besonderen Elite anzugehören, die das Recht hat zu befehlen. Ich habe nichts gegen Eliten, wenn sie die Menschenwürde achten, und sich nicht in ein faschistoides Machtgehabe verlieren. Wir brauchen Eliten, aber nicht solche die auf einen Komplex der Minderwertigkeit und auf einen Größenwahn beruhen.

Es scheint mir manchmal so, als hätten alle Menschen in ihren Anlagen partiell auch etwas faschistoides. Es dürfte nur darauf ankommen ob wir selbst, oder gefördert durch die Umwelt etwas von solchen Anlagen durch unsere Antriebe übermäßig zu Fähigkeiten entwickeln oder nicht. Wehret den Anfängen.

Wieder etwas mehr auf der Sonnenseite

An den nächsten Tagen ging es mir aufgrund der unvergleichlich menschlicheren und angenehmeren Atmosphäre psychisch besser. Auch mein Sohn nahm sich Zeit und besuchte mich. Was mich besonders freute.

Die medizinische Therapie, die Betreuung der Schwestern, sowie die physikalischen und logopädischen Behandlungen durch die Therapeutinnen verliefen weiterhin in freundlicher und angenehmer Atmosphäre. Alles war zwar immer wieder anstrengend, brachte mir aber, wie ich an mir bemerken konnte, erfreulicher Weise kleine Fortschritte.

Da bei einem Schlaganfall oft das Innenleben eines Menschen sehr aufgewühlt ist, kommt es sehr stark auf eine richtige psychologische Betreuung an.

Was ich bisher noch nicht erwähnt habe, das sind meine jahrelangen Buddhistischen Übungen, die ich auch hier immer wieder praktizierte.

Ich fing vor Jahrzehnten an und es war und ist ein langer Weg des Übens und Erkennens der nicht endet. Zuerst begann ich mit Yoga-Übungen, Übungen im Autogenem Training und der Selbst-Hypnose. Bis ich mich immer mehr auf Qi Gong Übungen, Zazen und Kinhin Übungen konzentrierte.

Zazen sind hauptsächlich Sitzmeditationen und Kinhin sind Gehmeditationen.

Im Buddhismus kennt man dabei drei Hilfsmittel der Sammlung um in Meditation zu gehen. Nämlich Mantra, Mandala und Mudra. Man muss, wie fälschlich oft geglaubt wird, nicht buddhistischer oder christlicher Mönch werden, um zu meditieren. Vielmehr gibt mir eine optimierte Anwendungsweise der Meditation die Fähigkeit die Lebensprobleme besser zu meistern und mit mir und der Umwelt besser im Einklang zu sein.

In der Meditation findet man den Weg der Erkenntnis, der Erleuchtung man ist dem Einen, dem Numinosen, der Wahrheit nahe, wo sich für mich ein schönes kosmisch-universelles Bewusstsein einstellt.

Diese Zusammenhänge sind in dem Buch „AFOS, ein Wappen?" näher beschrieben. (Verfasst 2006 – 2007 verlegt 2008)

Auch durch diese Übungen fühlte ich ganz klar, in baldiger Zukunft wieder gehen zu können. Und der Glaube, wieder gehen zu können war kein belastender oder verkrampfter, sondern ein, ich kann es nicht besser Ausdrücken, ein gelassener. Ich wollte kein Opfer sein, ich nahm dieses Bewegungsproblem und Gehproblem erst gar nicht in mir auf. Die Bilder in mir, hervorgerufen und gestärkt durch die Meditation zeigten mir, dass ich wieder gehen kann und ich empfand es auch so. Zorn über den Oberarzt Vafanadis oder allgemeine Angst und Nervosität rückte ich mit der Ausatmung über meine inneren Organe in der Meditation immer wieder in die Ferne. Denn Zorn und Angst, sie würden meine Heilung blockieren.

Die kleinen Fortschritte, die ich in den folgenden Tagen insgesamt machte, ließen mich auch wieder mit dem Rollator in der Ecke kokettieren.

Ich finde es war, von wem auch immer sehr schlau den Rollator einfach dort nur hinzustellen, denn ich kommunizierte gedanklich schon einige Zeit mit ihm.

Empfehlung oder gar Anweisung vom Fachpersonal ihn zu benützen gab es keineswegs. Aber um so mehr empfand ich ihn als Herausforderung.

Er stand circa fünf Meter, gegenüber von mir entfernt im Zimmereck. Diese Entfernung allein zu überwinden war für mich nicht ratsam und würde für mich sicherlich wieder eine unangenehme Sturzparade bedeuten.

Daher bat ich meinen Zimmernachbarn, der wieder einmal problemlos auf und ab ging, mir doch den Rollator an mein Bett zu schieben und mir zu helfen. Was der auch gern tat. Als der Rollator in der für mich richtigen Position stand, zog ich mich am Bügel über meiner Brust vom Bett hoch und in Sitzposition so, dass meine Beine aus dem Bett hingen und meine Füße den Boden berührten. Dann war eine Pause erforderlich, denn der erste Teil meiner Aktion war für den Anfang schon anstrengend genug.

Nach der erforderlichen Rast erfasste ich die Handgriffe des Rollators und versuchte mich hochzustemmen. Das war eine sehr wackelige Angelegenheit und so lernte ich es so richtig zu schätzen, dass dieser Rollator unter den Hangriffen statt der zwei sonst üblichen Räder zwei stabile Metallfüße hatte.

Ich stützte mich mit den Armen an den Haltgriffen ab, zog mit Aufmerksamkeit und Anstrengung ein Bein nach dem Anderen um ein kleines Stück nach und bewegte mich etwas nach vorne. Der Schweiß stand mir auf der Stirn, aber welch ein Triumph!

So etwas wie eine erste selbstständige, aber noch kleine und unsichere „Gehbewegung". Besonders schwierig war es aber dieses Gerät zu lenken. Die beiden Metallfüße statt der Räder stabilisierten das ganze Gerät zwar gut, aber man musste es beim Lenken mit den Haltegriffen leicht anheben bzw. über den glatten Fußboden schleifen, um lenken zu können. Und das war schwer. Wollte man nach rechts, musste man mit den Haltegriffen nach links ziehen und umgekehrt. Um nach dem kleinen Ausflug wieder zum Bett zurückzukommen, musste mir mein Nachbar wieder helfen. Im Bett bin ich heil angekommen, und ich war mit meinen Kräften wieder einmal nahezu am Ende. Aber welch ein Hochgefühl war das!

Diese kleinen Zimmerausflüge machte ich nun täglich und immer wieder mit besserem Erfolg. Dann erweiterte ich meine Ausflüge über das Zimmer hinaus auf den Gang. Als die Schwestern mich so sahen, sagten sie zu meiner Verwunderung kein Wort, aber ich sah es einigen an, besonders der Stationsschwester Kirnbaumer, dass sie sich mit mir freuten.

Als meine Spitalsbehandlung zu Ende ging, holte mich meine Frau mit unserem Auto ab. Sie wollte mich in einen Rollstuhl verfrachten, doch ich weigerte mich entschieden. Ich konnte noch nicht alleine gehen, aber meine Frau packte alles zusammen. Sie stützte mich auf der linken Seite, mit der rechten Hand stützte ich mich auf einen vierfüßigen Stock. So konnten wir uns gemeinsam und langsam, einen kleinen Schritt nach dem anderen vorwärts bewegen. Die Stationsschwester überreichte uns die vorbereiteten Entlassungspapiere und erklärte mir, sie habe für mich an zwei Stellen um einen Rehabilitationsaufenthalt angesucht.

Ich werde in einiger Zeit zwei Zuschriften bekommen. Ich soll dann sofort darauf reagieren. Bis dahin soll ich in meiner Heimatstadt schnellst möglich eine dortige Praxis für Physiotherapie aufsuchen. Es soll womöglich keine längere Unterbrechung der Physiotherapie eintreten. Was ich dann auch am schnellsten Weg befolgte.

Die Verabschiedung erfolgte dann sehr herzlich, denn wenn man längere Zeit in so einer Abhängigkeit wie ich mich befand mit Zuwendung betreut wird, baut das schon eine menschliche Beziehung auf. Als ich mich revanchieren wollte, wurde das zu meinem Bedauern entschieden und freundlich abgelehnt.

So ließ ich von den Schwestern unbemerkt etwas für die Kaffeekasse auf den Tisch fallen. Ich freute mich riesig, dass ich die Schwestern damit überlisten konnte und das ich das Spital zwar mit Schmerzen und Schwäche aber im Gegensatz zur Aufnahme ohne Rollstuhl verlassen konnte.

Beim Spitalsausgang halbwegs gut angekommen setzte ich mich auf eine Brüstungsmauer und wartete, bis meine Frau das Auto holte. Die Strecke bis zum Parkplatz konnte ich doch nicht bewältigen.

Die ambulante Therapie, Telefonate und Briefe

Die Stadt in der wir wohnen ist eine Kurstadt mit allgemein hoher Lebensqualität und so hatte ich Glück, dass es hier nicht nur die Ordination von meinem Spitalsarzt, Kardiologe OA: Dr. Demel befindet, sondern, dass es auch eine Gemeinschaftspraxis für Physiotherapie, Ergotherapie, Physikalische Medizin usw. gibt, die ich sofort aufsuchte und regelmäßig besuchte.

Besuchen klingt so gemütlich und das war es auf keinen Fall. Meine Frau brachte mich immer mit dem Auto hin, wartete dort eine Stunde und brachte mich dann, körperlich ziemlich geschafft, wieder nach Hause. Diese Therapiestunden waren und sind immer sehr anstrengend, aber in jeder Hinsicht von sehr hoher Qualität. Nach einiger Zeit konnte ich den Stock weglassen, ein weiterer wesentlicher Schritt zur Besserung war erreicht.

Für meinen Hausarzt musste ich dreimal täglich meinen Blutdruck messen und notieren, der sich aber im normalen Bereich befand.

Von einem normalen Gehen ohne Hilfe und einer normalen Körperbewegung war aber noch lange keine Rede als der erste Brief meiner P.- Versicherung mit folgender Aussage bei mir eintraf:

Sehr geehrter Herr Ingenieur!

Die P-Versicherung bewilligt Ihnen für die Dauer von 29 Tagen einen Aufenthalt in der
Privatklinik Lachtnixalm
Tel.: ..., Fax: ..., E-Mail: ...

Bei Rückfragen wenden Sie sich bitte direkt an diese Stelle. Wir wünschen Ihnen einen angenehmen und erfolgreichen Aufenthalt.

Mit vorzüglicher Hochachtung
XXX

Nach einigen Tagen kam ein Schreiben von der Privatklinik Lachnixalm mit folgendem Inhalt:

Sehr geehrter Patient,

Von der P-Versicherung wurde für Sie ein Aufenthalt in der Privatklinik Lachnixalm für die Dauer von 28 Tagen bewilligt.

Ihr Verfahren beginnt am: ... xxx

Ihre Anreise hat unbedingt am Einweisungstag zwischen 9.00 Uhr und spätestens 11.00 Uhr zu erfolgen.
... usf. Tel.: wie oben.

Mit freundlichen Grüßen

Margot Schwarz
Rezeption

In beiden Schreiben war die gleiche Tel. Nr. angegeben und ich wollte mich u.a. erkundigen, ob ich mir Medikamente mitnehmen musste, oder ob ich sie in der Privatklinik bekommen würde.
    Als ich anrief, meldete sich erwartungsgemäß die Frau Margot Schwarz.

Ich kam aber mit meiner Anfrage nicht weit, denn die Frau Schwarz war sehr unhöflich, sagte mir ich soll nicht so voreilig sein und legte auf.

Das war eine weitere Unverschämtheit, die ich erleben musste.

Ich bin als höflicher Mensch bekannt, daher war mir ein derart unfreundliches und freches Telefonat fremd und ich wollte dieses Telefonat so nicht akzeptieren. Ich wandte mich mit einem Brief an die Direktion der Privatklinik mit folgenden Inhalt:

Sehr geehrter Herr Direktor Fassler!

Schon beim Telefonat hat mich die flapsige und unhöfliche Redensart von Frau Margot Schwarz sehr irritiert.
Ein derart unhöfliches Verhalten schon bei der Rezeption lässt mich befürchten, dass sich dieser schlechte Ton in Ihrem Haus wiederholen könnte und der Heilung meines Leidens sicher nicht zuträglich wäre.
Unter solchen Umständen verzichte ich auf einen Aufenthalt in Ihrem Haus und werde weiterhin die bisher erfolgreiche Neurophysikalischen Behandlungen in meinem Heimatort bevorzugen, bzw. mich um eine andere Klinik umsehen.

Mit freundlichen Grüßen
XXX

Eine Gleichschrift ging auch an den zuständigen Herrn Primar und eine Information an meine P-Versicherung und an den Patientenanwalt.

Von der Privatklinik erhielt ich ein Antwortschreiben mit folgendem Inhalt:

Sehr geehrter Herr Ingenieur!

Wenngleich es uns nicht möglich ist, den Begriff „flapsig" zuzuordnen, nehmen wir doch bedauernd zur Kenntnis, dass Sie im Rahmen eines Telefonates einen negativen Eindruck von ihrer Gesprächspartnerin erhalten haben.

Aufgrund der Unkenntnis des Gesprächsinhaltes ist es uns verständlicherweise nicht möglich dazu eine konkrete Stellungnahme abzugeben.
Frau Schwarz konnte sich lediglich daran erinnern, ein Gespräch mit Ihnen geführt zu haben, es aber nicht als problematisch wahrgenommen zu haben.
Ihre Vermutung, der „schlechte Ton" könnte sich in der Klinik wiederholen, entbehrt jeglicher Grundlage.
Unsere Privatklinik ist für das äußerst zuvorkommende, menschliche und freundliche Verhalten unserer Mitarbeiter bekannt und allseits geschätzt.

Mit den Wünschen für Ihre weitere Genesung.
XXXX

Ich verfasste noch einmal ein Schreiben an die Privatklinik Lachtnixalm in dem ich die Unkenntnis über mein Telefonat mit Frau Margot Schwarz aufklärte.

Es schien mir noch eine Notwendigkeit in diesem Schreiben festzuhalten, dass......" Ihr Schreiben,

Ihr Verfahren beginnt am: …

… hat unbedingt … zu erfolgen …

nicht als sehr einladend verfasst ist, auch nicht zuvorkommend, menschlich und freundlich. Es gleicht eher einer Einberufung in eine Kaserne oder in ein Gericht und das wollen Sie ja hoffentlich alles nicht sein."

Als Patient darf man sich doch wohl eine höflichere Einladung erwarten, auch weil der Aufenthalt in so einer Klinik nicht umsonst ist und von der Versicherung und vom Patienten zu bezahlen ist.

P.S. Der große Duden: flapsig…frech.

Die stationäre Therapie, Telefonate und Briefe

Es dauerte nicht lange, als der angekündigte zweite Brief, und zwar von der K-Versicherung bei mir einlangte in dem mir ein Heilungsaufenthalt in der Klinik Hochrund genehmigt wurde. Dieses Mal lief vorerst alles freundlicher ab und nicht ich habe angerufen, sondern ich wurde angerufen. Eine Frau OA. Dr. Mehler meldete sich am Telefon und bot mir in einem freundlichen Gespräch zwei Aufenthalts-Termine zur Wahl an.

Aufgrund meiner Erfahrungen habe ich zuerst abgelehnt und mitgeteilt, dass ich in meinem Wohnort mit dem ambulanten Besuch einer Rehab- Praxis sehr zufrieden bin. Frau Dr. Mehler überzeugte mich aber am Telefon, dass eine längere und kompakte Behandlung für meine weitere Genesung von großer Bedeutung ist. Wir einigten uns auf einen Termin und ich sagte zu.

Das war eine weitere humane Zuwendung, die ich erleben durfte!

Am Montag dem 30. wurde ich in der Klinik Hochrund recht freundlich aufgenommen. Die üblichen Aufnahmeformalitäten und persönliche Daten, wie Krankheiten die ich hatte, Operationen, usw. wurden von der Oberschwester notiert. Ich hatte nicht sehr viel anzugeben, informierte aber auch, dass ich vor drei Jahren in der Uniklinik mit Erfolg behandelt wurde. Ich hatte am rechten Auge ein Makulaturproblem, meine Sehkraft wurde aber in der Uniklinik fast vollständig wieder hergestellt, sollte aber auf meinen Blutdruck achten. Meine Sehkraft am linken Auge betrug 100% und am rechten Auge wieder 80%.

80% bedeutet für den Betroffenen volles Sehen. Lediglich ganz kleine Buchstaben kann man mit so einem Auge nicht mehr deutlich erkennen. Lesen von Zeitungen und Bücher ist kein Problem. Drüber war ich sehr froh, denn Musik Natur und Literatur sind für mich lebenswichtig. Ich hatte mir auch Bücher mitgenommen. Zum Lesen kam ich hier in der Klinik Hochrund nur wenig, weil die Tage weitgehendst mit dem Behandlungsplan, und meiner persönlichen Meditation ausgefüllt waren.

Der Behandlungsplan wurde täglich neu erstellt und schriftlich dem Patienten vorgelegt. So ein Behandlungsplan variierte zwar von einem Tag auf den Anderen etwas, blieb aber für mich weitgehendst gleich, wie zum Beispiel:

Freitag dem 17.:

07:15 – 07:45 Mobile Gruppe und Gehübung
07:45 – 08:15 Frühstück
09:45 – 10:30 Physiotherapie
10:30 – 11:00 Logopädie
11:30 – 12:00 Ergotherapie
12:00 – 12:45 Mittagessen
13:00 – 13:30 Laufband
14:00 – 14:30 Massage

Untergebracht wurde ich in einem Sechsbettzimmer. Nicht wenig Betten dachte ich. Dafür war das Zimmer sehr hell, mit großen Fenstern versehen und einer sehr schönen Aussicht in die Natur, was für mich einigermaßen, wegen der vielen Betten eine Entschädigung darstellte.

Im Vordergrund befand sich ein großer, von Baumreihen unterbrochener Parkplatz. Dahinter Wiesen und Bäume, die auf der schönen hügeligen Landschaft in saftige dunkelgrüne Wälder über gingen.

Mein Bett stand als Erstes rechts, wenn man das Zimmer betrat. Zwischen dem Zimmereingang und meinem Bett lag zu meiner linken Bettseite noch der Zugang zu einem Wasch- und Duschraum und gegenüber ein eigener WC-Raum. Diagonal, auf der rechten Seite, schräg gegenüber meinem Bett war eine Glastür angebracht, die zu einem schönen Balkon führte. Rechts von mir befanden sich zwei Betten und gegenüber von mir weitere drei Betten. Zu jedem Bett gab es noch einen Schrank.

Als ich mich eingerichtet hatte, dauerte es nicht lange, da stellte sich Frau Dr. Mehler vor und fragte mich, ob ich zu einem ausführlichen Gespräch bereit wäre. Ich sagte zu und Frau Dr. Mehler führte mit mir ein sehr freundliches und gründliches Gespräch. Ich hatte das Gefühl, dass sie sich meiner ernstlich annahm, was ich sehr zu schätzen wusste.

Ich sollte ganz vom Anfang an berichten, denn meinen letzten Spitalsbefund hatte sie ja vorliegen.

Ich erzählte ihr, dass ich seit gut 15 Jahren wegen hohem Blutdruck erfolgreich Amlodipin-10 mg und Suppressin-4 mg regelmäßig einnehme und mich im Jahr 2005 mein damaliger Hausarzt wegen meiner Herz-Rhythmus-Störungen zur ambulanten Spitalsuntersuchung und Kontrolle schickte. Nach einer kompletten „Leistungsuntersuchung" stellte der behandelnde Cardiologe Dr. Taube im schriftlichen Befund fest, dass meine Herz-Rhythmus-Störungen weder unmittelbar noch grundsätzlich eine Lebensgefahr darstellen. Es wurden mir aber „Metroprolol-Tabletten" verschrieben, die ich täglich mit meinen Blutdrucktabletten einnehmen sollte. Es wurde auf meine Bitte hin mit Herrn Dr. Taube noch besprochen, dass ich bei Fragen in seine Ordination kommen kann und er gab mir auf meine Bitte hin noch seine Karte.

Mein damaliger Hausarzt war mit der zusätzlichen Verschreibung einverstanden, obwohl mir noch im Spital ein

Arzt sagte, dass Metoprolol für mich nicht unbedingt erforderlich ist. Mein Puls-Schlag wurde aber mit der zusätzlichen Verschreibung regelmäßiger. Bei sportlichen Leistungen ermüdete ich allerdings schneller als sonst, weil die Pulsfrequenz nicht um so viel höher wurde wie vorher. Dies hatte mir mein Hausarzt aber schon vorher erklärt.

Nehmen sie Metoprolol noch? Nein, denn ich bekam gegen Ende 2008 Psoriaris. Diese Schuppenflechte war zwar nicht großflächig aber einigermaßen tief. Der Facharzt für Dermatologie stellte fest: „Metoprolol" muss abgesetzt werden und von Herrn Dr. Taube wenn nötig durch ein anderes Arzneimittel ersetzt werden. Der Facharzt für Dermatologie gab mir für den Cardiologen Herrn Dr. Taube einen entsprechenden Brief mit.

Nach telefonischer Vereinbarung suchte ich Herrn Dr. Taube in seiner Ordination auf und er verschrieb mir innerhalb einer Minute Rhytmonorm – Filmtabletten. Einzunehmen nach Bedarf.

Die immer sehr überlegte Frau Dr. Mehler reagierte plötzlich sehr erstaunt und lies sich zu der Bemerkung hinreißen: „Ich kenne den Herrn Dr. Taube, aber das würde ich ihnen nicht einmal als junger praktischer Arzt verschreiben."

Diese Aussage stimmte mich einigermaßen nachdenklich, aber Frau Dr. Mehler war wieder ganz wie immer und fragte ganz ruhig wie mein Krankheitsverlauf weiterging.

Ich berichtete also weiter. Abends am 03. März nahm ich vor dem zu Bett gehen meine „Blutdruck-Tabletten und wie verschrieben eine Rhytmonorm - Tablette. Am darauf folgenden Morgen wurde bei mir der Schlaganfall festgestellt und mein Sohn brachte mich sofort ins Spital.

Von da an habe ich ihren Befund vorliegen sagte sie. Frau Dr. Mehler fragte mich noch weiter um mein Befinden, erklärte mir die kommende Therapie und machte mir Hoffnung, dass durch die bevorstehende Therapie für mich eine

Besserung meines Zustands zu erwarten ist. Auch alle folgenden Gespräche die Frau Dr. Mehler mit mir führte waren für mich aufbauend, weil sie sich als Mensch und Ärztin für meine therapeutische Behandlung ernstlich interessierte und mir ein positives Empfinden durch ihre Zuwendung vermittelte. Dieses Empfinden ernst genommen zu werden war für meinen damaligen Zustand sehr wichtig.

Auf mein Ersuchen hin erklärte mir Frau Dr. Mehler auch anhand einer medizinischen Darstellung des menschlichen Gehirns, in welchem Bereich sich mein Schaden befindet. Ich empfand, dass dieses Wissen für meine Meditationsübungen von Bedeutung war und ist.

Bereits in den ersten Tagen war ich von den Betreuungsarbeiten in der Klinik tief beeindruckt. Viele Patienten waren nicht nur von anderen abhängig, sondern waren dem Klinikpersonal völlig ausgeliefert. Sie konnten fast nichts von selbst erledigen und die Schwestern und Pfleger kümmerten sich rührend um sie. Manche Patienten mussten gefüttert, gewaschen, gebadet, täglich gewickelt, gehoben und getragen werden. Alles geschah in Ruhe, mit freundlicher Selbstverständlichkeit und meistens im lockeren Plauderton. Wenn ich den Schwestern meine Achtung und Bewunderung ausdrückte, sagten sie nur, dafür sind wir ja da und das ist unser Beruf.

Ein Mann war spastisch so geplagt, dass er einmal am Tag, meistens aber gegen Abend aus seinem Bett in einen speziell konstruierten und gepolsterten Stuhl gehoben wurde. Der Stuhl hatte u.a. mehrere nach vorne gebogene Lehnen, die seinen Brustkorb aufrecht hielten. Weiteres Ausleger, die seine verkrampften Arme und Beine abstützten. Die Lage seiner Arme und Beine mussten von Zeit zu Zeit etwas geändert werden, um seine Schmerzen zu lindern. Dies besorgten in erster Linie die Schwestern und Pfleger, teilweise aber auch wir, die wir uns noch bewegen konnten. So konnte dieser Mann einige Zeit in der Runde der Patienten beim Fernsehen sitzen, was für ihn eine aufbauende Abwechslung bedeutete.

Ich gehörte hier zu einer kleinen Minderheit, zu denen, die sich noch irgendwie selbst fortbewegen konnten. Dann folgten bereits die Querschnittsgelähmten, die sich noch in ihrem Rollstuhl, am Gang, zum Gemeinschaftsraum und zur Vorhalle und von dort mittels Aufzug zu ihrer Therapie fortbewegen konnten. Dann war da noch die Gruppe von Patienten, die nur in ihrem Bett zum Waschraum oder zur Therapie transportiert werden konnten.

Die verschiedenen erfolgsversprechenden Therapien

Ich durfte schon am zweiten Tag meine fünf Therapeuten kennenlernen.

Ich sage bewusst „durfte", denn mit jedem einzelnen war es eine erfreuliche und erfolgreiche Begegnung, vom Anfang bis zum Ende meines Klinikaufenthalts. Da waren:

Für die Mobile Gruppe	Frau Lan. – allgemeine Körperübungen.
Für die Physiotherapie	Frau Hes. – Gehen lernen.
Für die Logopädie	Herr Fen. – üben von Lauten, Div. Mitlauten, Sprechen
Für die Ergotherapie	Frau Lise. – einfache bis schwere Arm u. Fingerüb.
Für das Laufband	Verschiedene Therapeuten.
Für die Massage	Frau Söner. – Lockerungsmasagen.

Alle waren so kompetent und einfühlsam, dass wir uns über jeden Fortschritt, den ich machte gemeinsam freuen konnten.

Besonders gern erinnere ich mich an Herrn Fen und an Frau Lise.

Es gibt eben auch höfliche Menschen, die miteinander nicht nur gut kommunizieren können, sondern darüber hinaus noch eine gemeinsame Wellenlänge haben. So war das auch mit Herrn Fen und Frau Lise.

Die Übungen mit Herrn Fen verliefen für mich immer mit sehr viel Humor. Wenn er mir Laute und Buchstabenkombinationen, mit und ohne Summtönen vorsagte und ich sie nachzusprechen hatte, da musste ich manchmal ob meiner Ergebnisse sehr lachen. Von Tag zu Tag brachte ich aber das Nachsprechen besser zusammen und meine Aussprache wurde immer weniger verwaschen, somit deutlicher und mein Mund wurde damit wieder symmetrischer. Darüber hinaus war Herr Fen eine gebildete und intelligente Persönlichkeit und so möchte ich auch die interessanten Gespräche mit ihm, die auch letztlich zu meinem Erfolg beigetragen haben nicht missen.

Mit Frau Lise war das ein ganz besonders gutes Einvernehmen von Anfang an.

Die Begegnungen mit ihr waren nicht direkt von einer erotischen Frequenz getragen, es war aber etwas mehr als nur einfache Sympathie zwischen einer jungen reifen Frau und einem älteren Mann. Am Besten kann ich das folgendermaßen erklären:

In meinem privaten Arbeitszimmer hängen einige Bilder. Darunter ist eine gerahmte Fotografie einer Zeitschrift, die zeigt den schon älteren Sir Peter Ustinov mit Eva Feldbusch. Direkt im Bild steht der Satz:

„Die digitale Fotografie ist ehrlicher als die Wahrheit." Dieses Bild, zeigt aber meinem Empfinden nach noch etwas mehr, nämlich pure Lebensfreude. Ustinov sitzt in einer Fahrradrikscha, das heißt diese Rikscha wird nicht zwischen zwei Deichseln durch Laufen gezogen, sondern ist mit einem Fahrrad – System verbunden, auf dem Eva Feldbusch in die Pedale tritt. Ustinov hält sich mit seiner rechten Hand an der Lehne fest und mit der linken Hand hält er, etwas vorgebeugt, den schönen langen Haarschopf von Eva sozusagen als Zügel um sie zur Fahrt anzuspornen. (Das heißt natürlich nicht, dass ich Frau Lise an den Haaren gezogen habe.)

Das schöne an dem Bild ist vielmehr, dass beide ein derart herzliches Einvernehmen haben und ein vergnügliches Lachen ausstrahlen, welches jedes Mal bis zu mir als Be-

trachter dringt und ich es zu hören und zu empfinden vermeine. Nur einem begabten Fotograf kann es gelingen so ein Bild festzuhalten.
Oberhalb des Bildes habe ich geschrieben,
„Die große Metamorphose"
und unterhalb des Bildes habe ich geschrieben,
„Warum vorbei ?---
Das Ewig – Weibliche
Zieht uns hinan.

An dieses Bild musste ich manches Mal denken, wenn ich Ergotherapiestunde bei Frau Lise hatte. Es war auch diese heitere und anregende Stimmung, die mir diese schwierigen therapeutischen Übungen bestehen ließen.

Dazwischen unterhielten wir uns über Gott und die Welt. Frau Lise hatte sich auch mein Buch „AFOS ein Wappen? (Gedanken über Wappen Zeichen und Symbole)" gekauft, welches nicht gerade zur leichten Literatur zählt und das ich ihrem Wunsch entsprechend signierte. Dieses Signieren erfolgte damals durch mich leider gezwungenermaßen schon mit einem „lachenden und einem weinenden Auge", aber das war eine ganz andere und unschöne Geschichte, auf die ich noch zurückkommen werde.

Es begann in der erste Ergotherapiestunde mit scheinbar einfacheren Übungen. Aber so einfach waren die nicht für mich, im Gegenteil, sie waren für mich von Beginn an schwierig. Frau Lise zauberte immer wieder neue Übungsspiele hervor. Der Schwierigkeitsgrad wurde mehr und mehr gesteigert und ich muss zugeben, ich war trotz Anstrengung mit Begeisterung dabei.

Zuletzt sagte Frau Lise: „Jetzt kommt noch eine schöne Übung." Ich war schon sehr gespannt, denn ich ahnte, dass dies wohl die schwerste Übung sein wird. Und ich täuschte mich nicht.

Ich sollte mit Schnüren an meinen Fingern einen kleinen Kran betätigen. Bausteine mussten mit dem Kran ergriffen werden, und so eine Mauer aufgebaut werden. Es gelang mir diese Arbeit mit sehr großer Anstrengung von Anfang bis Ende fehlerlos durchzuführen. Das war nicht selbstverständlich, besonders wenn ich an meine körperliche Verfassung bei den ersten Übungen dachte, wo meine Finger in erster Linie das machten, was sie selbst wollten und nicht so gern das machten, was ich wollte. Ich hatte einen großen Fortschritt gemacht. Alle Finger mussten ja bei der Kranübung eine ganz geschickte, zielgerichtete und koordinierte Bewegung ausführen und nicht die Bewegung, die sie wollten. Wir hatten beide mit dem Gelingen ein großes Erfolgserlebnis.

Frau Lise gestand mir, dass nicht immer solche Fortschritte erreicht werden können und solche Erfolge wie mit mir die Krönung ihrer Arbeit darstellen. Ich durfte erleben wie aufbauende und heilende Gespräche besser zum Erfolg führen können.

Von da an konnte ich im Alltag auch wieder nach und nach zwei weitere Aufgaben mit Anstrengung zustande bringen, die bisher eine große Hürde darstellten. Erstens Kniestrümpfe anziehen und zweitens Schuhriemen zubinden. Dazu ist nämlich eine Fingerfertigkeit erforderlich, die man im normalen Leben gar nicht wahrnimmt.

Das waren weitere großartige humane Zuwendungen, die ich erleben durfte.

Die gefährlichen Krankenzimmererlebnisse

Was mein Zimmer betraf, so sind sechs Personen in einem Zimmer schon sehr viel. Da aber jeder von uns im Laufe des Tages Therapien zu absolvieren hatte, trafen wir uns alle im Zimmer meistens erst am Nachmittag bzw. gegen Abend und blieben nach dem Abendessen bis zum Morgen im Zimmer zusammen.

Ich persönlich hatte mir noch zusätzlich am Gang in einer stillen Ecke einen gemütlichen Platz zum Lesen einrichten können, den ich als „Abendmensch" auch noch spät benützen konnte, oder saß manchmal tagsüber warm angezogen einige Zeit am schönen Balkon.

In unserer Zimmergemeinschaft kamen wir ganz gut miteinander aus. Bis auf ein einziges Mal. Mein zweiter Nachbar rechts von mir lass seine Zeitung und regte sich wieder einmal auf. Meistens tat er das nicht allzu laut dieses Mal war aber sein Zornesausbruch länger und sehr laut. Er ärgerte sich über eine Korruption in Millionenhöhe und über eine Schlägerei, bei der ein älterer Mann verletzt wurde und plötzlich stimmten noch zwei weitere Zimmerkollegen mit lauter Stimme ein und beteiligten sich an der gefährlich lauten Schreierei.

Niederhauen und Umbringen muss man diese Gauner gleich alle. Dabei regten sie sich fürchterlich auf und gestikulierten, so weit sie dazu imstande waren, gefährlich um sich.

Ich bin ja auch gegen derartige Korruption und Schlägereien, hörte mir das eine Zeit lang an, bis es mir zuviel wurde. Am lautesten war gerade Herr Wachauer mein Nachbar, der direkt gegenüber von mir sein Bett hatte und auf den ich noch in einer anderen Sache zurückkommen werde.

Ich erhob mich von meinem Bett und sagte in aller Deutlichkeit und mit für mich ungewöhnlich lauter Stimme: „Ruhe jetzt. Dieses Geschrei ist doch unglaublich dumm. Niederhauen und Umbringen, großartig, das gefällt ihnen?

Regt euch wieder ab. Alle schauten mich betroffen an, nur Herr Wachauer sagte noch leise: „… Gfoit ma eh nit, … eh nit.

Von da an brachten mir alle eine gewisse Achtung entgegen und der Gesprächston war wieder freundlich und der Umgang miteinander hilfsbereit.

Am 04.04. kam plötzlich und zum ersten Mal Herr OA. Dr. Hochross in unser Zimmer. Er ging die Patientenrunde durch und kam zuletzt zu meinem Bett.

Herr Dr. Hochross ist ein groß gewachsener Mann in den besten Jahren. Er stellte sich nicht vor. Seinen Namen erfuhr ich erst später, als ich mich bei den Schwestern erkundigte.

Als er zu meinem Bett kam, führte er kein Gespräch mit mir, sondern sagte nur zu mir im jovialen Ton: „Bei ihnen Herr Ingenieur werden wir ab Morgen die Medikamente umstellen. Die Medikation werden wir vereinfachen und statt Amlodipin und Supressin werden wir abends nur noch einmalig Acemin geben."

Dagegen habe ich energisch protestiert. Meine Medikamente nehme ich jetzt schon zwei Jahrzehnte mit bestem Erfolg, die hat mir mein Internist verschrieben. Ich muss besonders auf meinen Blutdruck achten und die Einnahme von Supressin hat neben der Behandlung gegen meinen Bluthochdruck auch noch eine sehr positive Wirkung auf meine gutartige Prostata – Vergrößerung.

Also gut wir stellen nur das Amlodipin auf Acemin um sagte er. Ich protestierte abermals und die Diskussion ging einige Zeit hin und her. Herr Dr. Hochross setzte sich aber letztlich durch, weil er argumentierte, dass Acemin besser vor einem weiteren Schlaganfall schützt und gut gegen Schluckbeschwerden ist.

Daraufhin verließ Herr Dr, Hochross das Zimmer, nicht ohne zwischen der Tür noch einmal stehen zu bleiben, um uns zu zurufen: „Morgen gehe ich mit meiner Familie auf Urlaub Burschen und ich bin dann am vierzehnten wieder im Haus. Darauf hat er das Zimmer endgültig verlassen.

Ab nächsten Tag dem 05.04. bekam ich dann zum ersten Mal Acemin statt Amlodipin.

Es vergingen drei, vier verhältnismäßig ruhige Tage aber dann kam es zu einem sehr ernstlichen Zwischenfall und damit komme ich auf den vorhin erwähnten Zimmernachbarn Herrn Wachauer zurück. Herr Wachauer war ein sehr eigenartiger Mensch. Auch ich dachte anfangs, dass er zeitweise aggressiv und bösartig ist. Er beschimpfte die meisten Schwestern und Ärzte in unverschämter Art und Weise, war mit jedem per Du und wollte selbst von jedem geduzt werden, ob die Anderen das wollten oder nicht. Die Schwestern und Ärzte schienen immer gleich beleidigt, was man deutlich erkennen konnte und sahen in ihm nur einen bösartig aggressiven und gefährlich-frechen Patienten.

Ich wollte dieses freche und gefährliche Benehmen aufgrund seiner ganzen Erscheinung, seinem Auftreten, seiner Körperhaltung und seiner Sprache, nicht so ganz ernst nehmen und suchte das Gespräch mit ihm. Als er vertrauen zu mir gefasst hatte wurde er mir gegenüber mitteilsam. Ich konnte aus seinen Erzählungen entnehmen, dass er eine schwierige und arme Kindheit hatte und ich glaube, dass er noch bis heute bis zu einem gewissen Grad ein Kind geblieben ist. Ich sah ihn bald aus einer anderen harmloseren Perspektive.

Ich glaubte seinen Erzählungen entnehmen zu können, dass seine Mutter eine einfache Frau war, Alleinerzieherin als Magd auf dem Land lebte und er selbst Knecht wurde.

Schon als kleines Kind hat ihm seine Mutter eingedrillt, dass die Ärzte alle nur Gauner und Quacksalber sind und am Tod von der Grete schuld sind. Ich konnte aus seinen Erzählungen entnehmen, dass er nicht viel lernen konnte und er als Knecht, so wie seine Mutter als Magd, von den Bauern nur ausgenutzt wurden. Das sprach er aber nicht so aus, weil er es selbst nicht erkannte. Er arbeitet von Sonnenaufgang bis Sonnenuntergang und das Traktorfahren macht ihm Spaß. Da fahre ich oft Tag und Nacht.

Er flüsterte mir zu: „Nimm dich vor den Ärzten in Acht, die sind nur bös und die wollen uns nur alle umbringen." Diese Angst habe ich ihm immer wieder auszureden versucht und ich habe ihm erklärt, dass er freundlich zu den Schwestern und Ärzten sein soll, dann werden die auch freundlich zu ihm sein. Ich ahnte damals noch nicht, wie er in gewisser Hinsicht einerseits für sich selbst und andererseits für mich in einem Kuriosum partiell Recht haben sollte.

Für mich ist Herr Wachauer irgendwie in seiner Persönlichkeit ein verängstigtes, zeitweise aggressives und störrisches Kind geblieben und im Aussehen scheint er ein erwachsener Mann zu sein.

Herr Wachauer ging, wie er es gewohnt war immer früh am Abend zu Bett und schlief meistens um 20:00 Uhr schon fest. So war es auch an dem Abend als sich der für ihn böse Zwischenfall ereignete.

Immer um 21: 00 Uhr kommen noch einmal die Schwestern wegen den letzten Medikamenten des Tages vorbei. So auch an diesen besagten Abend. Dieses Mal waren es die Schwestern Kora und Schwester Bubikopf. Schwester Kora war nicht nur zu mir immer sehr freundlich. Wenn sie mich wecken musste, tat sie das sogar, so empfand ich es, immer sehr zärtlich und gar nicht grob. Sie streichelte mich sehr vorsichtig mit ihrem Zeigefinger zwischen meinem Daumen und meinem Zeigefinger, worauf ich immer sofort munter war. Ich habe nicht gewusst, dass ich an dieser Stelle so empfindlich bin und angenehm geweckt werden kann.

Als die beiden Schwestern um 21: 00 Uhr zu Herrn Wachauer kamen, schlief er schon fest und so konnten sie ihm nicht gleich munter kriegen. Er hatte einen tiefen und gesunden Schlaf. Eigentlich dafür zu beneiden. Nicht aber zu beneiden dafür was jetzt kam.

Da Herr Wachauer wie gesagt sein Bett gegenüber meinem hatte, konnte ich alles genau sehen. Kora stand links auf der Kopfseite von Herrn Wachauer und Bubikopf rechts. Bubikopf schüttet sich aus dem Portionierer eine Ladung Tabletten in die rechte Muschel-geformte Hand. Bubikopf mit der linken Hand und Kora mit der rechten Hand, hoben die beiden Schwestern den Oberkörper des schlaftrunkenen Patienten etwas auf, redeten auf ihn immer wieder mit den Worten ein, Mund auf Wachauer, Mund auf Wachauer und die Schwester Kora verliehen den Worten noch Nachdruck, indem sie mit ihrer linken Hand bei den Worten, Mund auf Wachauer, sie ihm das Unterkiefer nach unten zog. Als dies einigermaßen gelang, schüttete Bubikopf die Ladung Tabletten aus ihrer rechten Hand mit energischem Schwung in den Mund des noch schlaftrunkenen Herrn Wachauer. Sodann klopften Bubikopf mit ihrer Rechten und Kora mit ihrer linken Hand Herrn Wachauer abwechselnd auf den Mund und sagten dabei immer wieder schluck Wachauer, schluck Wachauer und da passierte es.

Herr Wachauer bekam noch schlaftrunken wie er war einen entsetzlichen Hustenanfall und das Klopfen auf den Mund wurde immer energischer und die Worte schluck Wachauer, schluck Wachauer immer lauter.

Aber das immer wieder schluck Wachauer mit energischem Mundklopfen nützte nichts, Herrn Wachauer sind, schlaftrunken, wie er war, die Ladung Tabletten in die falsche Kehle bzw. in die Luftröhre gekommen. Er bekam keine Luft mehr, begann entsetzlich zu röcheln, lief bereits blau an und der klare Schleim, an dem er zu ersticken drohte, rann ihm aus dem Mund. Die Schwestern kamen mit der sehr ernst gewordenen Situation nicht mehr klar.

Das war mir entschieden zu viel. Ich erhob mich wütend von meinem Bett und schrie: „Was sind sie denn für Schwestern, sehen sie denn nicht, dass dieser Mensch erstickt, unternehmen sie gefälligst etwas." Das riss die Schwester Kora aus ihrer Erstarrung denn in diesem Augenblick dürfte sie den Ernst der Situation erkannt haben. Sie rannte wie eine Sprinterin los und brachte in kürzester Zeit ein Sauggerät, mit dem sie Herrn Wachauer alles über den Mund heraussaugte. Es dauerte eine ganze Weile bis Herr Wachauer sich etwas erholte. Die Schwestern stützten zusätzlich mit einem Polster seinen Rücken. Eine Ärztin wurde noch gerufen, diese untersuchte ihn, gab noch ein paar Anweisungen und Herr Wachauer war nach und nach gerettet. Wir Zimmerkollegen brauchten eine Weile bis wir uns von dem Schock erholten.

Das war ein unschöner Vorgang, den wir erleben mussten.

Am nächsten Tag habe ich mit den Schwestern den Vorfall besprochen und die Schwester Land, die ich als herzensguten Mensch kennengelernt hatte, hat sich dann in besonderer Weise um Herrn Wachauer angenommen. Dieser war dankbar für ihre aufmunternden Worte und gestand ihr, ich habe geglaubt mit mir geht es jetzt zu Ende.

Es ist für mich immer wieder erstaunlich wie die Leistungen und Reaktionen der Menschen unterschiedlich sein können. Und zwar nicht nur interindividuell also zwischen den einzelnen Menschen, sondern auch intraindividuell, das heißt bei ein und demselben Menschen zu verschiedenen Zeiten. Abhängig auch von der eigenen Verfassung und von der Umweltsituation.

Wenn wir zum Beispiel Schwester Kora hernehmen. Grundsätzlich ein netter und freundlicher Mensch. Die mir bei meiner Ankunft liebenswürdig die Hand geschüttelt hat und mich willkommen hieß und dann diese Handlung und Reaktion bei Herrn Wachauer. Ich könnte es fast nicht glauben, wenn ich es nicht selbst erlebt hätte.

Man muss natürlich bedenken, dass, das allgemein freche Verhalten von Herrn Wachauer die Schwestern und Ärzte schon sehr provozierte. Man muss aber genauso bedenken, dass geschulte Ärzte und Schwestern den wahren, eher kindisch unreifen und erbarmungswürdigen Charakter dieses Patienten erkennen und ihr Verhalten darauf einstellen müssten. Bei Schwester Land, die vielleicht eine etwas mütterliche Ausstrahlung hat, reagierte er normal und eher dankbar.

Was mich betraf, konnte ich mich in weiterer Folge über die Schwestern in keiner Weise beklagen. Im Gegenteil, sie waren sehr aufmerksam und einfühlsam.

In den ersten Tagen hielt auch einmal Herr Primar Dr. Schneider Visite. Er ist auch auf mich eingegangen und ich hatte von ihm einen kompetenten und freundlichen Eindruck. Später erfuhr ich, Herr Primar Dr. Schneider ist nicht nur Vorstand vom Klinikum Hochrund, sondern auch von der neurologischen Abteilung des Krankenhauses, wo ich in die erste Interne Abteilung mit meinem Schlaganfall eingeliefert wurde.

Also auch Vorstand der Abteilung wo Herr OA. Dr, Vafanadis seine Befehlsübung mit mir vollführte.

Hilfe der Blutdruck

In der Klinik Hochrund gab es für mich bisher keine Befehle und ich fühlte mich, den Umständen entsprechend und mit den täglichen Therapien sehr wohl. Am 07. 04. allerdings stellten die Schwestern einen ersten Anstieg von meinem Blutdruck fest. Die Frage der Schwestern, ob ich mich wohl fühle, konnte ich vorerst wahrheitsgemäß nur mit ja beantworten.

Mein Blutdruck wurde täglich mehrmals von den Schwestern gemessen und es zeigte schon, dass mein Blutdruck Tag um Tag und nach und nach immer nur das Eine tat, nämlich nur steigen.

Gegen 14.04. zu erreichte mein Blutdruck aber ein gefährliches Ausmaß von 190 zu 100 bzw. 200 zu 100 und jetzt musste ich die Frage der Schwestern, wie ich mich fühle, mit nicht so gut beantworten. Die Schwestern wurden nun sichtlich nervös und meldeten gemeinsam mit der Oberschwester meinen Zustand immer wieder Herrn OA. Dr. Hochross. Dieser sagte ja, ja und alle meinten wir damit er wird sich bald um mich kümmern.

Das war aber keineswegs der Fall. Die Schwestern prüften schon zehn Mal am Tag meinen Blutdruck, immer wieder 200 zu 100 und meldeten dies Herrn Dr. Hochross. Ich selbst urgierte am 14. und 15. immer wieder bei Herrn Dr. Hochross, der meistens am Gang hinter seinem fahrbaren Karteipult zu finden war, mir wieder Amlodipin zu geben, da ein Blutdruck von 200 zu 100 für mich vor allem wegen meinem Aug gefährlich ist.

Sowohl meinen vielfachen Urgenzen, so wie auch den vielfachen Urgenzen der Oberschwester hat jedoch Herr OA. Dr. Hochross nicht entsprochen.

Am späten Nachmittag des 15.04 kam es aber zu einer Kuriosität, die ihresgleichen sucht, und kaum findet. Am Gang traf ich wieder einmal Herrn OA. Dr. Hochross hinter seinem fahrbaren Karteipult umringt von den Schwestern inklusive der Oberschwester und bat ihn mir wegen des hohen Blutdrucks zu helfen und mir wieder Amlodipin zu geben.

Darauf reagierte er sehr wütend mit ja, ja immer nur 200 zu 100 im Kopf. Die Oberschwester bestätigte eindringlich diese Werte noch einmal. Als ich am Gang in Richtung Toilette weiter ging, schrie er mir, nach:

„Treiben sie in Ihrem Alter nicht so viel Übungen wie ein Junger, dann werden sie nicht 200 zu 100 Blutdruck haben."

Ich drehte mich um, sah wie die Schwestern sichtlich erschrocken dastanden und aufgrund meines Schlaganfalls brachte ich wieder einmal aus Ärger kein Wort hervor. Hatte mir doch Herr Dr. Hochross genau diese Therapieübungen täglich bis einschließlich dem 17. 04. schriftlich verordnet und andere Übungen hatte ich nicht absolviert. Das war Mobbing pur und von einem Unrechtsbewusstsein keine Spur.

Was ist das für ein Oberarzt? So hat sich ein Arzt nicht zu verhalten. Das war kein Arztgespräch. Statt heilender Worte waren das schon die ganze Zeit krankmachende und entwürdigende Worte. Noch dazu schreit er mir, dem kranken Patienten vor allen Anwesenden Frechheiten nach wie ein „Gassenbub." Je nach Laune scheint Herr Dr. Hochross Patienten nicht als Subjekt zu achten, sondern als lästiges altes Objekt zu betrachten.

Das war die größte Unverschämtheit, die ich erleben musste.

Mir wurde immer klarer, dass dieser Oberarzt, mit so einem Benehmen, gar kein Arzt sein dürfte, egal was er gerade für persönliche Probleme hat, oder nicht hat. So unverschämt darf sich ein Arzt nicht verhalten. Seit Tagen wusste er von mir und von den Schwestern über meinen gefährlichen Blutdruck bescheid und hat nichts unternommen. Er begründete ja seine Medikamenten – Umdisposition damit, dass dadurch die Gefahr weiterer Schlaganfälle vermindert würde, eher das Gegenteil war der Fall, oder hatte er mit mir einen „Labor- oder Werbeversuch" gestartet? Bei Abhängigkeit ist ja alles möglich.

Dieser Arzt hat mir wider besseren Wissens, also wissentlich nicht geholfen, dabei hat jeder Arzt die Verpflichtung im erforderlichen Maße zu helfen.

Nach diesen Ereignissen nahm ich mir vor meinen Anwalt einzuschalten, denn das muss schon wegen der nicht auszuschließenden Gefährdung anderer Patienten ein Nachspiel haben. Abhängigkeit heißt noch lange nicht ausgeliefert sein, denn soviel Persönlichkeit und Handlungsfähigkeit hatte ich im Gegensatz zu anderen Patienten noch.

In Gedanken versunken

Ich war bemüht mich durch meine ZAZEN – Meditation zu beruhigen und zog mich am Abend des 15. 04. in meine gemütlich Leseecke zurück.

Ich hatte mir wieder einmal Goethe's Faust zur Hand genommen, weil er heute noch immer von Bedeutung ist und weil die Höhen und Tiefen die Faust durchlebt und deren symbolische Bedeutungen, betreffend das tägliche Leben und andere Bücher, für mich immer wieder von großem Interesse sind. In der doppelten Wette Mephistopheles mit dem „Herrn" und mit Faust, durchlebt Faust alle erdenklichen geistigen sowie körperlichen Qualen, aber kaum Genüsse, quält nicht nur sich, sondern auch seine Umwelt erheblich. (Wie zB. ein moderner Turbokapitalist, AKW-Lobbyist, oder Großfinanz-Betrüger.)

Bis Faust im höchsten Alter nur noch nachdenkend in tiefer Nacht dahin wandelt und ihm Mangel, Schuld, Sorge und Not umschleichen.

…Die Menschen sind im ganzen Leben blind,
Nun Fauste, werde du's am Ende ! –

Die Sorge haucht ihn an und Faust erblindet.

Altersschwach, tastet sich Faust, am Türpfosten anhaltend aus dem Palast und da ergötzt ihn das Geklirr der Spaten. Doch man spricht nicht nur von einem Graben, sondern vom – Grab.

In seinem zu Ende gehenden Leben vermag Faust aber im letzten und höchsten Augenblick, noch eine Sozialkomponente, in einer optimierbaren Symbiose zu erkennen.

Wenn auch da draußen die Flut rast, der Gemeindrang eilt, die Lücke zu verschließen. Diesem Sinn ist er ganz ergeben. Nur der verdient sich Freiheit wie das Leben, der täglich sie erobern muss.

…Solch ein Gewimmel möcht' ich sehn,
Auf freiem Grund mit freiem Volke stehn.
Zum Augenblick dürft' ich sagen:
Verweile doch, du bist so schön!
Es kann die Spur von meinen Erdetagen
Nicht in Äonen unter gehen. –
Im Vorgefühl von solchem hohen Glück
Genieß' ich jetzt den höchsten Augenblick.

Faust sinkt zurück, die Lemuren umfassen ihn und legen ihn auf den Boden.
Er ist durch den Tod erlöst. Erlöst, aber hier auch durch die Anwesenheit und Umfassung der Lemuren, symbolisch hindeutend auf „die große Metamorphose der Menschen." Mit Lemuren (lat.) sind meines Erachtens Larven gemeint, denn was hätten denn Halbaffen von Madagaskar hier für eine symbolische Bedeutung?
Larve, ist eine Jugendform von Tieren, die ihre Entwicklung nicht direkt, sondern über eine Metamorphose also über einen Formwandel durchmachen.
Beim Menschen eine höhere Ordnung, die „große Metamorphose." Vom Zellenhaufen, zum Embryo, zum geborenen Kind, zum erwachsenen Menschen, im Weg zum erkennenden und erleuchtenden Menschen, zum alten Menschen, zum toten Menschen, übergehend in das universelle, gemeinsame der Erde, Erde zu und von der Erde und durch das Ewig – Weibliche, das uns hinan zieht, übergehend in die Vielheit der Erneuerungen. Alles ist Energie, die sich in Vielheit von Formen und Verteilun-

gen von Qualität und Quantität im Bewusstsein der Welt manifestiert.

Auf allen Stationen seines Weges scheitert Faust, bis er schließlich in der Handlung zur „sozialen Symbiose" für sein ständiges Streben nach Erkenntnis und Selbstverwirklichung seine Spur nicht in Äonen untergehen kann, sodass Faust durch sein strebendes Bemühen, durch die Frequenz und Resonanz seiner Lebensenergie, nicht wie im Urfaust des Mittelalters, zu teuflischen Höllenqualen verdammt wird, sondern in einem aufgeklärteren Zeitalter erlöst werden kann.

Die verschiedensten Gedanken über Erlösung und nicht Erlösung finden wir nun einmal in der ganzen Menschheitsgeschichte. Als Meditation, aber ebenfalls als Machtgebrauch und Machtmissbrauch.

Da wunderte mich die Aussage eines bekannte Wissenschaftlers zu diesem Thema in einer Fernsehdiskussion. Dieser Wissenschaftler, den ich sonst sehr schätze, sagte folgendes:

„Ein Faust, der schon blind ist, der sich nur mehr am Türpfosten anhaltend dahinschleppt, der kann nicht erlöst werden. Goethe wusste ja nicht mehr, wie er den Faust II zum Abschluss bringen sollte und was er schreiben sollte."

Es mag schon möglich sein, dass Goethe viele Bilder und Gedanken durch den Kopf gingen, aber keineswegs dumme, denn er lässt uns in seiner genialen Art, je nach unserer Lebensanschauung, und je nachdem, wie weit wir jeder auf unserem Weg bereits gekommen sind, mehrere Interpretationsmöglichkeiten offen und es gibt in der Menschheitsgeschichte mehrere Auffassungen von Erlösung.

Zuerst eine Auffassung von Erlösung als im Volk vorhandenes Gedankengut. Wenn ein Mensch blind ist und nur noch Qualen leidet und durch den Tod erlöst werden kann, dann ist das auch eine Erlösung.

Und zwar eine sehr reale und von manch leidenden Menschen eine sehr erwünschte Erlösung. Diesen Menschen möge eine Erlösung von den Qualen und der Eingang in ein „schnelles Nirwana, als vielleicht bessere Welt" gegönnt sein.

Eine weitere Auffassung von Erlösung wäre eine Erlösung im Sinne einer großen „Metamorphose".

Eine weitere Auffassung von Erlösung wäre eine Erlösung durch die im Buddhismus der „Wiedergeburt". Immer wieder, vielleicht weiterentwickelt geboren werden, bis man sich das Buddhistische Nirwana verdient hat. „Es kann die Spur von meinen Erdetagen nicht in Äonen untergehen." Und Mephistopheles meint: „Vorbei! Ein dummes Wort... Und treibt sich doch im Kreis, als wenn es wäre." (Die relativen Wahrheiten und die eine Wahrheit, das Eine das Numinose.)

Nirvana, wird im Buddhismus der leidfreie Zustand bezeichnet, der im jetzigen Leben erreicht werden kann. Ziel des Buddha war es den Menschen zu helfen den Kreislauf seiner Wünsche und Begierden, die immer wieder die gleichen unheilsamen und leidvollen Reaktionen hervorrufen zu durchbrechen. Mephistopheles meint: „Ich liebe mir dafür das ewig – Leere."

Eine weitere Auffassung von Erlösung ist die im wenigdimensionalen Wegbereich und einfacherer Religionsauffassung angesprochene Erlösung. Nicht zu Höllenqualen verdammt werden, sondern in den Himmel auferstehen, entweder direkt oder als Zwischenstation über das Fegefeuer.

Man beachte dabei den vielschichtigen Dialog gegen Ende des fünften Akts von Mephistopheles, himmlische Heerscharen, selige Knaben, Engeln, Mater gloriosa, Doctor Marianus und Chorus mysticus usw. In der Frage der Gottesexistenz legt sich Goethe im Faust nicht fest.

Die Auffassung von Erlösung, die im viel-dimensionalen Wegbereich und tiefer meditativ symbolischer Religionsauffassung angesprochene Erleuchtung und Erlösung. Das in der Meditation erreichte kosmisch universelle Bewusstsein der Welt. Die Bibel hat für Gott nicht nur einen Namen, sondern viele und selbst ein Name „ELOHIM" von vielen ist der biblische Gott in der Mehrzahl. In der Genesis wurde Gott nicht im Singular als „ELOAH" der Eine, sondern im Plural als „ELOHIM" dargestellt, als Viele. Und „ELOHIM" muss nicht unbedingt als Pluralis majestatis gedacht werden.

Das Viele, im Numinos Einem. Eine gedankliche Annäherung ist vielleicht möglich durch assoziieren mit einer idealisierten Häufigkeitsverteilung von Qualität und Quantität als Symbiose im Sinne der großen Zahl.

Aber auch vielleicht die Erinnerung an ein Gleichnis mit dem „Lebensfluss."

Der Regen fällt zur Erde, wird zur Quelle, wird zum Bach, zum Fluss, zur Mündung, zum Meer, steigt auf und fällt als Regen wieder zur Erde. Bleibt aber der eine, „zeitlose Fluss". Man kann zwar viele Male in den gleichen, aber nur einmal in denselben Fluss steigen.

Mit Goethe kann alle Dichtung symbolisch als Veranschaulichung geistiger Komplexität im Wort verstanden werden.

Auch im östlichen Gedankengut wie dem Buddhismus Dharma, die Gesamtheit also das Eine und die Lehre, Karma, das viele von Ursache und Wirkung, dass die Menschen durch ihre Wünsche und Begierden immer wieder in leidvollen Reaktionen durchwandern. Die Wiedergeburt in Abhängigkeit von der Qualität des geführten Lebens. Und es gibt ja immer wieder in verschiedenen Varianten einen Faust. Arthur Schopenhauer als Buddhist: „Die Welt ist die Hölle."

Die man vielleicht immer wieder geboren durchwandern muss, um schließlich nach der Qualität des geführten Lebens Nirwana zu erreichen. Das Unendliche, das grenzenlose, das himmlische Paradies.

Im westlichen Gedankengut wie im Christentum immer wieder der Dualismus, der sich entweder als Hölle, in milderer Form als Fegefeuer, oder als Himmel durch die Be- und Verurteilung des höchsten Gerichts offenbart.

Ewiges Leiden in der Hölle, oder Auferstehung in den Himmel, wo ewig alles Freude ist. Ähnlich in den zwei weiteren monotheistischen Religionen mit unterschiedlich qualitativer Auffassung. Manchmal werden sogar noch „himmlische Jungfrauen" versprochen. Es bleibt doch die Frage nach Toleranz und Persönlichkeit, wenn depressive Männer himmlische Freuden nur dann erleben können, wenn sie von Jungfrauen umgeben sind.

Man sollte aber auch, wenn man über Erlösung nachdenkt, den KABBALISTISCHEN LEBENSBAUM mit den zehn plus einer Sephiroth und deren Verbindungen, nicht außer Acht lassen.

Über Körper, Geist und Seele ist alles mit allem in Verbindung.

Nicht nur in meiner meditativen Anschauung könnten diese 11 Sephirot als folgende Dimensionen gesehen werden:

3 Raum – Dimensionen

1 Raumzeit – Dimension

| 7 versteckte – Dimensionen, | die sich in unseren Chakren widerspiegeln und für unsere Welt der Gefühle und Sinneswahrnehmungen verantwortlich sind. |

Scheitel (Schale)
Stirn
Kehlkopf
Herz
Sonnengeflecht
Milz
Keimzellen

Diese sieben Chakren sind zwar normal immer vorhanden, sie können sich aber nur unter bestimmten Bedingungen, wie z. B. Meditation, Ekstase, als Summe der Elektronenschwingungen unseres Körpers mehr oder weniger voll aufrollen und mit den vier anderen interagieren. Die Bewusstmachung dieser Tatsache ermöglicht es, mit den Schwingungen der Außenwelt in Verbindung zu treten. (Ferntastsinn)

Die Sephira in der Mitte des Lebensbaums steht für ausgewogene Harmonie und Schönheit. Sie ist die Sephira der Transformation.

Übergehend auch in eine andere Dimension „des Unsichtbaren."

Der Transformationspunkt, in dem sich die Kräfte in höherer Ordnung transformieren und über eine Weltformel, die Wahrheit, das Unendliche, ein Nirwana erahnen lässt. Und diese eine Wahrheit ist Schönheit.

Das Gewimmel, das Viele und das Eine auf freiem Grund und höchsten Augenblick, „Verweile doch, du bist so schön!"

Vorbei! Ein dummes Wort. Warum vorbei? ..und reines Nichts, das Ewig-Leere.

Transformation in das unsichtbare unbegrenzte, eigenschaftslose Nichts. Das Eine, Unendliche, Unbeschränkte und grenzenlos Vollkommene besitzt weder Grenzen noch Eigenschaften. Eigenschaften sind menschlich, sind endlich, sind beschränkt und begrenzt.

Mann könnte all diese Erlösungs- und Transformationsgedanken einfach mit dem Fantasie- und Mentalbereich abtun, wenn da nicht die etwas realere Gedankenwelt von z.B. Albert Einstein wäre.

Das Kennzeichen der Galilei – Transformation ist, dass die Zeit eine absolute Bedeutung hat. Sie ist a priori vom Bezugssystem unabhängig.

Anders verhält es sich jedoch bei elektromagnetischen Vorgängen.

Ausgehend von der Raumzeit, Einstein' sche spezielle Relativitätstheorie, ist der absolute Zeitbegriff nicht mehr physikalisch realisierbar. Ort und Zeit – Koordinaten zweier Inertialsysteme sind dann durch die Lorentz – Transformation verknüpft, in der auch die Zeit transformiert wird und die nur für v << c in die Galilei – Transformation übergeht.

Bei Lichtgeschwindigkeit c (als fixe Größe von 300 000 km pro Sekunde) zerfließen die starren Grenzen des Raumes vom Rand her, in sich rhythmisch wiederholende, sinusförmige Schwingungen und das übliche naturwissenschaftliche Bild von Raum, Zeit und Materie verschwindet.

Wenn v gegen c, dann m gegen unendlich und Länge l' und Zeit t gehen mit.

Wenn t = 1,10, v = 250 000, und c bekanntlich 300 000, dann
t'= t / Wurzel aus 1 – v zum Quadrat / c zum Qu. = 1,1 / 0,5528 = 2, daher t'= 2, und t = 1,1
(Siehe dazu mein Buch „AFOS, ein Wappen?")

Bei einer weiteren Beschleunigung unserer Gedanken über Lichtgeschwindigkeit befinden wir uns im unsichtbaren Transformationspunkt zum Jenseits, dem vielleicht göttlich vollkommen, dem Paradies, dem Unendlichen, dem

Numinosen, dem unbegrenzten Nichts, dem leidfreien Nirwana einer anderen Welt.

Die mathematische Annäherung durch die Einstein'sche spezielle Relativitätstheorie und durch die Lorentz – Transformation lässt uns vielleicht diesen unsichtbaren Transformationspunkt erahnen, wenn wir in die obige Gleichung v mit 300 000 einsetzen.

t'= 1,1 / 0 = „unsichtbar unendlich"

Wir erahnen andere, unbekannte Welten. Erkenntnis erlangt man aber meistens nur durch eigene Erfahrung und nicht so sehr durch Lehren.

So gibt es für mich, als dem spirituellen Menschen und aus meiner christlichen Erziehung heraus, nicht so sehr die Person die Gott ist, sondern viel mehr das Eine, die eine unbeschränkte und wahre Energie, die a priori nicht dualistisch ist. Alles ist Energie, die sich in verschiedenen Formen manifestiert. Erst so kann sie auf Menschen dualistisch wirken. Sie kann dann göttlich schön und gut, oder teuflisch hässlich und bös empfunden, erlebt und erlitten, aber auch missbraucht werden. In meiner Meditation kann ich mich dem „Einen", der einen unbegrenzten Energie nähern, um meinen Lebensweg zu bereichern.

Eines zeigt sich im Alltag u. a. sehr deutlich, mit mehr Religion mehr Kinder, mit mehr Bildung weniger Kinder. Der in dieser Angelegenheit wenig kreative Herr Robert Fogel, Nobelpreisträger aus den USA meint im Profil unwidersprochen unter dem Titel Fruchtbarkeitsziffer." Das wird sich erst ändern, wenn junge Frauen davon überzeugt wurden, dass Sex da ist, um sich zu vermehren und nicht, um Spaß zu haben."

Obendrein verweist er auf die Kinderreichen Evangelikalen in den USA.

Sind das die Evangelikalen, über die der ORF berichtete? Die, die Kinder indoktrinieren, bis sie mit nervösen Zuckungen in Trance am Boden liegen. Für einen aufgeklärten Humanisten ekelerregend.

Wer kreativ ist, kommt hoffentlich auf bessere Ideen und Umweltbedingungen für junge Frauen die Kinder bekommen sollen. Man muss auch bedenken, dass sich die Erdbevölkerung im letzten Jahrhundert von 2 auf 7 Milliarden vermehrt hat.

Wie soll das sonst nach Herrn Robert Fogel mit den jungen Frauen aussehen? Die Frauen sollen freudlos daliegen, nur keinen Spaß und die Männer dürfen mit Lust „befruchtend vergewaltigen"? Um die Fruchtbarkeitsziffer zu erhöhen?

Zurück zur Inquisition? Nein danke. Oder sollen wir von einer spaßlosen Gesellschaft nach Japanart, wie „Die Presse" berichtet überzeugt werden?

Dort vermehren sich ganz ohne Spaß die sogenannten „Pflanzenfresser". Das sind nach einer öffentlichen Studie des dortigen Ministeriums immer mehr junge Frauen und Männer, die sich jeder Lust auf Sex und Spaß verwehren.

Diese Entwicklung nimmt gefährliche Ausmaße an und betrifft bereits mehr als ein Drittel der jungen Frauen und Männer und mehr als 40% der Verheirateten.

Das zeigt uns deutlich, dort wo der Druck und Stress von allen Seiten her maximiert wird, wird Freude Spaß und Lust auf Sex minimiert und nicht optimiert. Wer Japan auch nur etwas kennt weiß, dass die beruflichen und sonstigen Belastungen sehr groß sind. Vielleicht ist diese Tatsache der Unlust auch als Abzweigung vom Weg in das „Burn-out" zu sehen und „Burn-out"-Fälle sind auch in Europa im Steigen.

Vielleicht sollten sich die weltlichen und geistlichen Verantwortlichen unserer Völker auch einmal ohne Vorbehalt die Kultur der Muria mit ihrem Ghotul ansehen. Keine krankmachende Sexuallehre. Weg von Sünde, Drohung, Tabu, Unterdrückung und Manipulation, zu einer die Menschen erfreuenden Lust auf Erotik und einer verantwortungsvollen Sexual-Ethik ohne krankhafter Eifersucht und ohne Missbrauch.

Sowohl Lust, als auch Kinder bekommen ist uns gegeben. Wir sollten uns daher Lust auf Liebe, Erotik und Sex, in einer humanen Gesellschaft mit allen uns zur Verfügung stehenden Mitteln bewahren und nicht vermiesen lassen.

Durch Meditation sollten wir von einem maximierten, zu einem optimierten Stress und zu einer vernünftigen Sozialkomponente kommen, in der wir auch die Erkenntnis und Kunst der wahren und schönen Liebe gewinnen. Die Fähigkeit für den geliebte Menschen helfend da zu sein, aber ihm auch, so schwierig es sein mag, die absolute, verantwortungsvolle Freiheit nicht nur zu gewähren, sondern zuzugestehen. Jeder sollte die Empfindungsskala von Sympathie-Erotik-Sex und Liebe erkennen. Kein Mensch darf Eigentum des anderen sein. Despoten gehören durch ein „Weltgesetz" von der Machtausübung schnellstens entfernt.

Unter diesem Himmel
können alle Menschen das Schöne als schön erkennen,
denn es gibt ja auch das Hässliche;
Alle Menschen können das Gute als gut erkennen,
denn es gibt ja auch das Böse.

Lao Tse aus Tao – Te – King

Neben dem verantwortungsvollen, primären Bemühen der Eltern um ihre Kinder, sollten Politiker und verantwortungsvolle Arbeitgeber jungen Eltern zum Arbeitsplatz auch Kindergartenplätze anbieten. Dadurch wäre auch eine bessere Konzentration der Eltern auf die Arbeit gegeben. Diese Entlastung der Eltern würde auch eine bessere Ausbildung der Kinder ermöglichen.

Das futuristisch kreierte Retortenbaby soll es ja schon geben, die „Medizin" sollte sich nur sicher sein, dass tatsächlich ein wahres symbiotisch „herrlich Werk" entsteht und nicht ein Parasit, der wie Homunculus vor allem Mephistopheles zugeneigt ist.

Statt nur Selektion, eine gemeinsame leistungsfordernde Ganztagsschule mit fördernder Leistungsbetreuung und bestem pädagogischem Einsatz. Das könnte die symbiotische Sozialkomponente unserer Gesellschaft wesentlich verbessern. Ausreichende Kinderbetreuungsplätze zum Spielen und Lernen sollten vorhanden sein. Um unsere Gesellschaft und Kultur auch in Zukunft zu sichern, muss zuerst die beste Ausbildung, Karriere durch Zivilcourage und Eigenverantwortlichkeit, sowie Hilfe für Eltern und Kinder gesichert sein.

Da der Religionsunterricht seine Aufgabe in voller Breite nicht erfüllen kann, wäre ein verpflichtender Unterricht über Ethik und Religionen mit den Fachkräften und womöglich mit den Eltern zu erarbeiten. Verzicht auf engstirnige, egoistische und fanatische Glaubensgemeinschaften. Nur so werden wir einen Beitrag zu einer erwünschten, mehr symbiotischen Gesellschaft erreichen und der Trennung von Kirche und Staat folgen, denn die meist total hierarchisch aufgebauten Religionsgemeinschaften bereiteten und bereiten noch immer oft das Feld für staatliche Diktatoren. Menschen mit krankhaft zerstörerischer und parasitärer Einstellung sollte entschieden mehr Liebesfähigkeit in entsprechenden Einrichtungen nahe gebracht werden.

Gnostiker, Agnostiker, Atheist, auch Goethe beantwortet im Faust die Frage nach Gott nicht. Mit zunehmender Aufklärung werden hoffentlich die Fundamentalisten und Fanatiker weniger werden und mit der Zeit die Menschen ihren Weg zwischen Wissenschaft und Religion finden lernen.

Ob mehr so oder so, man möge nicht vergessen, dass der Mensch ein spirituelles Wesen ist. Der Weg unter Achtung der Menschenwürde gegangen wird und nicht durch Drill und Gehirnwäsche alles Spirituelle im Menschen ruiniert wird und nur noch Brutalität und Unverschämtheit überbleibt.

Vorsicht ist bei den Menschen angebracht, die partiell eine Überbegabung aufweisen, denn ihnen fehlt oft ein Bezug zu dem Einen und Ganzen. Die partiellen Spitzenleistungen dieser Menschen sollte man nicht übersehen, aber ebenso sollte man nicht übersehen, dass diese Art von Menschen manchmal dazu neigen mit ihrer Überbegabung, oft ohne es selbst zu erkennen sich in den Dienst von Tyrannen stellen und selbst zum gesellschaftsschädlichen Fanatiker werden können.

Bei aller harter Disputation sei der Mensch des Menschen Mensch und nicht des Menschen Unmensch, denn „Wolf" kann man nicht sagen, weil die Wölfe eine bessere Sozialkomponente haben als die Menschen.

Wir wissen alle nicht, ob wir nicht vielleicht doch wieder auf diese Erde kommen und wo und wie wir vielleicht etwas verändert oder weiterentwickelt wiederkommen. Eines ist ja sicher, es kommen täglich immer wieder Menschen auf diese Welt.

Die böse Überraschung
und die Zuwendung

Ich war noch in meinen Gedanken versunken, als die Schwester zu meiner Leseecke kam, um mir für heute noch einmal, ich glaube das zehnte Mal, den Blutdruck zu messen. Man kann messen so oft man will, das Gerät zeigte immer wieder einen Blutdruck von 200 zu 100, und das in ruhender Position.

Die Schwester wünschte mir eine gute Nacht, danke ebenfalls eine gute Nacht wünschte ich noch um dann zu Bett zu gehen. Ich zog mich für die Nacht um, setzte mich auf mein Bett und da war es plötzlich geschehen.

Mit meinem rechten Auge konnte ich von einem Augenblick auf den Anderen nur mehr vernebelt sehen. Ich hatte eine Blutung im rechten Auge. Kein Wunder bei dem hohen Blutdruck und dazu kommt noch, dass ich wegen meinem Schlaganfall Trombo – Ass einnehmen muss. Trombo – Ass ist bekanntlich ein bewährtes Medikament, bei einem Schlaganfall, welches das Blut fließfähiger macht.

Nach längerer Zeit konnte ich trotz Depression, ausgelöst durch die böse Überraschung aber doch noch aus Müdigkeit einschlafen.

Am nächsten Morgen suchte ich, in einer gewissen Furcht, bei diesem unbehandelten Blutdruck auch noch einen weiteren Schlaganfall zu bekommen die Oberschwester auf und erklärte ihr, umgehend das Haus verlassen zu wollen, weil ich um mein Leben fürchtete. Die Oberschwester wollte das nicht wahrhaben sah aber, dass ich bereits in Straßenkleidung vor ihr stand. Sie hörte meine Argumente und dass meine Frau schon auf Abruf bereit stand mich abzuholen.

Da kam zufällig Frau OA. Dr. Mehler hinzu, erkannte den Ernst der Situation und ordnete unmittelbar hierauf die Rückführung der Medikation auf Amlodipin an. Die Oberschwester, der wegen des Verhaltens von Herrn OA. Dr. Hochross ohnedies schon die ganze Zeit die Sorge ins Gesicht geschrieben war, bekannte sich als sehr erleichtert. Ich disponierte um, da auch ich etwas erleichtert war und außer Herrn Dr. Hochross mir alle Menschen in dieser Klinik durch ihre Zuwendung und ihre Freundlichkeit schon alle sehr vertraut waren und mein Aufenthalt ohnedies für die nächsten zwei Tage offiziell zu Ende ging.

Wenn man aber glaubt, dass durch die Medikamentenrückführung der Blutdruck auf das normale Maß schnell zurückgeht der irrt gewaltig. Das Einstellen des Blutdrucks auf das normale Maß ist meistens sehr langwierig, schwierig und eine eigene Kunst. Es hat ja auch zehn Tage, vom 04.04. bis zum 14.04. gedauert, bis der besagte Spitzenwert erreicht war.

Die schöne Schwester

Es war erst zwei Tage nach der Medikamentenrückführung am 17.04 zum ersten Mal eine kleine Erleichterung erreicht. Am 17.04. Abends, kam zum ersten Mal Schwester Schön zur zehnten Blutdruckmessung des Tages zu mir. Schwester Schön war wirklich eine bemerkenswerte Schönheit. Sie hatte nicht nur eine gute Ausstrahlung, eine schöne Figur, sondern auch ein schönes und heiteres Gesicht und war, nach meiner Beobachtung, in erster Linie für schwierige Fälle eingesetzt. Als sie beim Ablesen des Gerätes war, schaute ich ihr in ihre schönen Augen und in ihr Gesicht auf dem sich ein noch schöneres Lächeln breit machte und da wusste ich was jetzt kommen würde. Und tatsächlich sagte sie mit ihrer melodiösen Stimme: „Das erste Mal ein kleiner Rückgang, der Blutdruck liegt knapp unter 200 zu 100." Der Kulminationspunkt war leicht überschritten. Damit war die Trendumkehr erreicht und ein erstes gutes Zeichen zu sehen.

Im Weggehen rief mir Schwester Schön noch zu: „Und lassen sie sich in Zukunft nie mehr ihre Medizin wegnehmen." Ich hatte so den Eindruck die war nicht nur schön, sondern wusste auch genau worum es ging und was sie tat.

Es dauerte auch noch nach der Entlassung, unter sehr guter ärztlicher Betreuung durch meinen Hausarzt und Kardiologen noch Monate bis mein völlig irritiertes Herz wieder halbwegs normal pumpte. Herzrhythmusstörungen habe ich ja schon seit mehreren Jahren, aber damals spielte mein Herz völlig verrückt.

Was soll ich in Zusammenhang mit Herrn Dr. Hochross noch sagen?

Doch eines noch:

Am Tag vor meiner offiziellen Entlassung kam Herr OA. Dr. Hochross zu meinem Bett. Das war, sage und schreibe das zweite Mal während meines gesamten Klinikaufenthalts. Er hockte sich neben mein Bett und sprach auf mich ein:

„Es ist ganz normal, wenn man eine Medikamentenrückführung zu Amlodipin durchführt, wenn das Acemin nicht wirkt." Ich fragte dann, warum ich auf diese Rückführung tagelang unter Schädigung meiner Gesundheit warten musste? Jetzt sind sie umgestellt meinte Herr Dr. Hochross und jetzt hören wir einmal auf mit dem dauernden 200 zu 100.

Ich sagte ja schon gar nichts mehr dergleichen und fühlte mich irgendwie unwohl und gefrotzelt. Er verabschiedete sich, während er meine Hand schüttelte und war dann entschwunden.

Wieder auf freien Füßen und wieder gut sehen

Von einer, was die gezielten Körperbewegungen und das vorsichtige Gehen betrifft, durch erfolgreiche Therapie nach Hause zurück gekehrt, suchte ich schnellstens meinen Augenarzt und die Universitätsklinik auf. Dort wurde als Folge von jungen retinalen Blutungen im rechten Auge eine Verschlechterung meiner Sehstärke festgestellt.

Ich musste mich einer Reihe von operativen Eingriffen und Untersuchungen unterziehen, was bei meiner Behinderung und Schwäche für mich sehr anstrengend war. Meine vorherige Sehstärke konnte zwar nicht mehr ganz erreicht werden, aber die fortschreitende Behandlung brachte mir wieder eine wesentliche Verbesserung meiner Sehkraft.

Ich konnte wieder den gesamten Sehhorizont deutlich erfassen. Nur im linken unteren Eck des rechten Auges verblieb ein kleiner durchsichtiger Nebelfleck.

Nur ganz kleine Buchstaben machen mir das Lesen mit dem rechten Auge etwas schwierig. Ein weiterer Eingriff wäre noch möglich, aber das Risiko eines weiteren Eingriffes steht in keinem Verhältnis zu meiner ohnedies guten Sehstärke. Darin stimmte ich mit den Augen - Ärzten voll überein.

Was meine Bewegungen betrifft, so bin ich laufend und ausnahmslos einmal pro Woche zur Therapie in der Gemeinschaftspraxis Dipl. PT. F. Skalnik meines Wohnortes, dreimal pro Woche übe ich Nordic walken oder Spazieren gehen. Auch erstklassige Akupunktur und meine Meditationen ZAZEN und KINHIN nützen mir sehr. Meine Krankenkasse vergütet mir, mit bestem Dank rund 50 % meiner Therapiekosten, aber keine ärztlichen Akupunkturkosten.

Meine Ärztin für Akupunktur Dr. Shwu Ching LIN promovierte sowohl nach Chinesischer als auch nach europäischer Schule und ich möchte sie nicht missen.

Regelmäßig betreibe ich jeden Morgen, noch vor dem Duschen eine Reihe von Übungen, die ich in einer für mich sinnvollen Weise aus den Bereichen Yoga, Kinesiologie und Mudras zusammengestellt habe. Wichtig ist, dass diese Übungen nicht zu leicht, aber auch nicht zu schwierig sind und sie beinhalten Qi Gong mit den sechs heilenden Lauten zur Erhöhung der Lebensenergie nach Univ. Doz. Jian LI. Diese regelmäßige und konsequente Vorgangsweise ist zwar ohne Frage hart, ohne ihr würde sich aber meine Behinderung sicherlich verschlechtern.

All das ist notwendig um meine Bewegungstüchtigkeit aufrecht zu erhalten. Gehen funktioniert nur auf ebenen Wegen und nach ca einer halben Stunde behindert mich meine Schwäche. Bergauf oder etwas anspruchsvollere Wanderwege sind für mich, obwohl ich ein großer Naturliebhaber bin, nicht mehr möglich.

Dabei bin ich noch vor gar nicht so langer Zeit Ski gefahren. Nicht mehr Ski fahren und Wandern zu können schmerzt mich sehr.

Aber letztlich bin ich doch froh wieder ein geistig anspruchsvolles Leben führen zu können, einigermaßen gehen zu können, mich selbstständig fortbewegen zu können, mich selbst versorgen und pflegen zu können, mich selbstständig ankleiden zu können, wieder Schuhriemen binden zu können und wieder Messer und Gabel einigermaßen gut führen zu können. Das schätzt man alles dann besonders, wenn man es einmal nicht mehr konnte.

Auch wieder Musik hören zu können bereitet mir große Freude und ist mir in den Kliniken schon abgegangen. Neben Literatur und Natur ist Musik für mich lebenswichtig.

Als erste CD legte ich mir Norma von Vincenzo Bellini auf und als zweite das Konzert für Klarinette und Orchester KV 622 von W. A. Mozart. Erst dann war ich soweit bereit die Beethovensymphonien genießen zu können.

Norma zählt zu meinen Lieblingsopern von der man einmal gesagt haben soll:

„Befände sich die einzige Partitur dieser Oper auf einem sinkenden Schiff, müsste sie zuerst gerettet werden."

Auch das Mozartkonzert KV 622 zählt zu meinen Lieblingsstücken. Musikkenner sagen:

„Eine klanggewordene lächelnde Weisheit und Schönheit. Der erste Satz Allegro, sprudelt von schnellen Läufen der Klarinette wie das junge Leben.

Himmlisch schön das Adagio, der zweite Satz. Eine große Ruhe und das Einfühlen in eine höhere Wahrheit, wie für den erleuchteten Menschen.

Das tänzerische Allegro eine Welt ohne Probleme, voller Harmonie und Heiterkeit, wie für den Menschen der trotz Schwierigkeiten und Wagnissen stets auf ein symbiotisch gut geführtes Leben zurückblicken kann.

Ludwig van Beethoven, der temperamentvolle Republikaner, hat zuerst seine 3. Symphonie „EROICA" Napoleon Bonaparte gewidmet. Als Beethoven jedoch 1804 von der Kaiserkrönung Napoleons erfuhr, machte er, mutiger Republikaner, der er war, die Widmung wieder rückgängig.

Als 1812 Goethe und Beethoven bei einem gemeinsamen Spaziergang dem Hoch - Adel begegneten, zog Goethe ehrerbietig seinen Hut, Beethoven tat dies jedoch nicht. Das bedeutete, vornehm und adelig ist man nicht durch die Geburt, sondern durch Tugend und Leistung. Dies erklärt vielleicht, warum Goethe die absolute Musik Beethovens als ungeheure Gewalt empfand.

In einer anderen Situation beklagte sich Goethe, dass er den Beifall und Jubel der Passanten als Belastung empfindet. Beethoven darauf, machen sie sich nichts daraus, er könnte ja auch mir gelten.

Beethoven hat uns eine lebendige und dramatisch kraftvolle Musik geschenkt, die mich voll anspricht.

Eine gesunde aufbauende Musik, die mit ihrer Stärke über alle Dimensionen auf die Menschen zukommt. Daher auch über alle Chakren tiefe Empfindungen von zart bis kraftvoll in mir auslöst.

Symphonische Musik die bei aller Dramatik auch auf das Spielerische nicht verzichtet. Musik, die wie das Leben immer wieder wird, uns überrascht, nicht abgeschlossen wirkt und uns in das Schöne und Wahre führt.

Der Sache auf den Grund gegangen

Aber warum dieser Leidensweg den ich gehen musste und diese Behinderung, wo mir doch die zuständigen Ärzte immer wieder versichert haben, dass ich einen Blutbefund wie ein gesunder dreißigjähriger habe. Das fragte ich mich immer wieder und weil ich auch die erstaunten Aussagen von Frau OA, Dr. Mehler nicht vergessen habe, erkundigte ich mich eingehend bei drei gut bekannten Fachärzten. Alle drei bestätigten mir, dass sie mir für meine, eher harmlosen Herzrhythmus - Störungen niemals Rhytmonorm nach Bedarf verschrieben hätten. Ein befreundeter Arzt erklärte mir, dass jedes Medikament Nebenwirkungen hat, aber Rhytmonorm für mich sogar tödlich sein könnten. Er würde Rhytmonorm höchstens nur bei Herzflimmern verordnen.

Diese, meine ganze Krankheitsgeschichte besprach ich mit den zwei zuständigen Patienten – Anwälten sowie eingehend mit meinem Rechtsanwalt und belegte alles mit den entsprechenden Unterlagen.

Mein Rechtsanwalt bestärkte mich entschieden, bei dieser Rechtslage zur Klage bei Gericht und bereitete mit meiner Einwilligung die Anklageschrift vor.

Ich überlegte das wirklich berechtigte Vorgehen mit einer Anklage aber noch in zweifacher Hinsicht. Erstens führt eine Klage immer wieder zu aufreibenden Besprechungen und Gerichtsverhandlungen, die meiner damaligen schwachen physischen und psychischen Konstitution nur schaden konnten, und zweitens standen für mich nicht so sehr Rachegefühle im Vordergrund, sondern eine Belehrung der betroffenen Ärzte um einen Schaden bei weiteren Patienten weitgehendst zu vermeiden. Dass da in der

Ärzteausbildung etwas wichtiges fehlt hatte sich ja wohl deutlich gezeigt. Ich war auch schon in meiner beruflichen Führungsverantwortung weniger für Befehlen und mehr für Eigenverantwortlichkeit und Überzeugen. Das bringt eher den ganzen Menschen mit auf die Lokomotive als nur seine Pflichthandgriffe.

Ich bat daher meinen Rechtsanwalt, um zu disponieren und sich mit seiner ganzen Autorität für mich um einen Besprechungstermin bei Herrn Primar Dr. Schneider, dem zuständigen Vorgesetzten der betroffenen Ärzte Vafanadis und Hochross zu bemühen.

Das war gar nicht so einfach, denn mein Rechtsanwalt war sich weitgehendst sicher eine bereits vorbereitete Anklage durch eine Gerichtsverhandlung gewinnen zu können und auch Herr Primar Dr. Schneider war nicht sofort zu überzeugen, weil er im Vorhinein versprechen musste auf seine betroffenen Mitarbeiter aufklärend einzuwirken. Wann erklärt sich ein Primar denn grundsätzlich und überhaupt so schnell zu einem so heiklen Gespräch bereit? Wahrscheinlich gar nicht gern.

Da aber mein Rechtsanwalt einen bekannten Namen hat und der Herr Primar bei einer Klage wahrscheinlich auch die Nachteile erkannte, stimmte er zu und gab meinem Rechtsanwalt drei Terminvorschläge für mich. Mein Anwalt musste zusagen, dass bei einem positiven Besprechungsverlauf keine weiteren gerichtlichen Schritte von unserer Seite mehr unternommen werden und das auch die Patientenanwälte entsprechend informiert werden.

Ein gutes Gespräch mit symbiotischen Aussichten und ein Brief

Ich bestätigte den ersten Termin und das Treffen war vereinbart. Am 27. 07. um 13:00 Uhr war es dann so weit. Ich fand mich pünktlich ein und war mir meiner Sache ganz sicher. Sollte Herr Primar Dr. Schneider in der bevorstehenden Besprechung nicht auf gleicher Augenhöhe mit mir verhandeln wollen, sondern von oben herab agieren, würde ich die Besprechung sofort verlassen und die Klage über meinem Rechtsanwalt wieder aktivieren. Ich hoffte aber auf einen guten Gesprächsverlauf, weil ich den Herrn Primar ja schon von einer Visite her kannte.

Die Sekretärin, eine höfliche Person bat mich um ein wenig Geduld, der Herr Primar befände sich schon auf dem Weg hier her.

Nach fünf Minuten erschien der Herr Primar auch tatsächlich, begrüßte mich freundlich, und bat mich wegen der kurzen Wartezeit um Verständnis. Ein dringender Patientenfall erklärte er und bat mich vom Vorzimmer in sein Büro.

Nehmen sie doch bitte Platz Herr Ingenieur und erzählen sie mir bitte alles von Anfang an und lassen sie bitte kein Detail aus. Ich habe mir genügend Zeit für unser Gespräch genommen.

Ich erzählte auch tatsächlich alles sehr genau, weil ich bemerkt hatte, dass seine Aufmerksamkeit nicht vorgetäuscht war. Er stellte auch zum noch besseren Verständnis, wie er sagte, immer wieder Fragen, die aber das Gespräch förderten, und nicht störten oder gar hemmten.

Das Gespräch dauerte bereits über eine Stunde und es war eigentlich alles gesagt, als er sich für die betroffenen Ärzte zwar nicht direkt bei mir entschuldigte, aber das

Verhalten dieser Ärzte als nicht richtig und nicht korrekt bezeichnete. Er versprach mir, dass er mit diesen Ärzten ein ernstes, ausführliches und klärendes Gespräch führen wird, um weitere Patienten vor Schaden zu bewahren. Ich bin erst seit einem Jahr hier Vorstand sagte er und die offiziellen Beschwerden haben sich bereits um 50% reduziert. Daran können sie erkennen, dass ich Führungsgespräche sehr ernst nehme.

Bevor wir uns verabschiedeten, gab mir Herr Prim. Univ. Prof. Dr. Schneider noch seine persönliche Karte, notierte darauf zusätzlich seine private Telefonnummer und empfahl mir, dass ich mich bei Bedarf mit ihm in Verbindung setzen solle und er für mich immer erreichbar ist.

Ich bedankte mich und die Verabschiedung war sehr freundlich, fast warmherzig zu nennen und von gegenseitig guten Wünschen begleitet.

Am Heimweg hatte ich doch ein ganz gutes Gefühl, mit dieser Vorgangsweise mehr erreicht zu haben als mit einer Klage und dieses Gefühl hat sich bis heute nicht geändert. Mit dieser Vorgangsweise wurde mit großer Wahrscheinlichkeit ein symbiotischer Prozess in Gang gesetzt, der allen nützt.

Eine gerichtliche Verurteilung ist immer auch eine Ausgrenzung, führt meistens zu parasitären Verhaltensweisen und damit zum Schaden und schwierigeren Lernprozessen für alle. Es gibt Fälle, wo eine Gerichtsverhandlung ohnedies nicht zu vermeiden ist.

Voraussetzung für einen symbiotischen Prozess ist halt immer, dass die beteiligten zu einer guten Disputation bereit sind und ein positives Ergebnis erzielt wird.

Mit Betonköpfen und ewig engstirnigen Gestrigen, die mitten am zu gehenden Weg stehen bleiben, wird das schwerer zu erreichen sein und ein gerichtlicher Weg unumgänglich sein.

Was meinen früheren Kardiologen Herrn Dr. Taube betrifft, so habe ich mich mit folgendem eingeschriebenen Brief an ihn gewandt.

Herr Dr. Alexander Taube!

Aus gesundheitlichen Gründen bin ich erst jetzt in der Lage Ihnen zu schreiben, was ich aber einerseits zu Ihrer Information und andererseits zum Schutz Ihrer Patienten für wichtig erachte.
Anfang 2009 haben Sie mir Rhytmonorm – Tabletten, einzunehmen nach Bedarf, in weniger als einer Minute „Behandlungszeit" in Ihrer Ordination verordnet.
Als ich diese Medizin am Abend des 03. März 2009 einnahm, erlitt ich über Nacht einen Schlaganfall, der mich an das Spitalsbett und an den Rollstuhl fesselte.
Erst nach und nach konnte ich mich durch rasche ärztliche Betreuung und sehr diszipliniertes Therapieverhalten etwas erholen. Ich werde aber mit Sicherheit nie mehr wieder so gesund werden, wie vor der von Ihnen verschriebenen Einnahme von Rhytmonorm und werde mein Leben lang behindert bleiben.
Fast alle mir bekannten Fachärzte haben mir mitgeteilt, dass sie Herrn Dr. Taube kennen, aber Rhytmonorm für mich nicht die geeignete Medizin ist und diese Fachärzte haben mir weiter mitgeteilt, dass sie mir Rhytmonorm nicht einmal als junger praktischer Arzt verschrieben hätten. Ein Facharzt sagte mir noch das die Nebenwirkungen dieses Medikaments für mich sogar tödlich sein können. Er verschreibe dieses Medikament höchstens bei Herzflimmern.
Ich schreibe Ihnen diesen Brief nicht so sehr aus Rachegefühl, sondern zu Ihrer Information und um andere Menschen vor Schaden zu bewahren. Ich empfehle Ihnen, sich

mehr Zeit für Ihre Patienten zu nehmen, um diesen in Zukunft hoffentlich die richtige Medizin zu verschreiben.

xxxxxxxxxxxxxxxxx

Eine Antwort auf meinen Brief habe ich von Herrn Dr. Taube leider nicht bekommen. Diese Mühe wollte er sich wahrscheinlich nicht machen. Was könnte er mir auch schreiben? Leid wird es ihm wahrscheinlich nicht tun und eine Erklärung oder ein Schuldeingeständnis wird der Herr Doktor nicht abgeben wollen.

Weiter aufwärts mit einer Nacht auswärts

Bei meinem Hausarzt war ich laufend zur Kontrolle. Mein Blutdruck war endlich wieder im guten Bereich. Extrasystolen traten aber immer noch auf und so schickte mich mein Arzt Dr. Demel, der mich schon im Spital als Oberarzt behandelt hatte, für eine Nacht zur Kontrolle in ein „Schlaflabor."

Ich war zuerst gar nicht begeistert, aber dort stellte der Arzt immer wiederkehrenden Herzstress durch Sauerstoffmangel fest, was immer wieder zu Extrasystolen und somit zu Herzrhythmusstörungen führte. Hervorgerufen durch Atmungsstörungen, die durch eine einfache Therapie im Schlafverhalten, ohne Beta – Blocker erfolgreich verbessert wurden.

Mein Sohn empfahl mir, aus seiner pharmakologischen Erfahrung „Crataegutt-Tropfen" einzunehmen, was ich auch befolgte. Diese Tropfen sind ein alkoholischer Auszug aus Früchten mit dem Hauptbestandteil vom „Weißdorn".

Seit diesen Therapien habe ich wieder einen regelmäßigen und gesunden Herzschlag wie schon lange nicht mehr. Eine wahre Erlösung!

So war auch mein Arzt im Großen und Ganzen mit mir zufrieden, vor allem aber ich mit ihm, denn es war ja durch seine Verordnung der Schlafanalyse tatsächlich kein Beta – Blocker mehr nötig. Das ich nicht unbedingt Metoprolol benötigen würde, habe ich doch schon einmal wo gehört, aber leider ohne Schlaflabor Verordnung.

Paulus der Gerechtigkeit einfordert

Als Freund Paul wieder einmal bei mir zu Besuch war, Paul ist auch ausgebildeter Techniker und Analytiger, sagte er folgendes: „Mir ist deine Geschichte mit dem Schlaganfall immer wieder durch den Kopf gegangen und mir fällt auf, dass es dabei eigentlich eine doch sehr eigenartige Verkettung von Umständen gibt. „Wie meinst du das?", fragte ich.

Na schau sagte er und meinte geh doch einmal die Aneinanderreihung der Fakten analytisch durch:

- 2005 hat dich dein Arzt zur ambulanten Untersuchung in die II Interne überwiesen
- Nach ambulanter Untersuchung in der II Internen hat dir Herr Dr.Taube noch im Spital Metoprolol verschrieben
- Dort hat dir ein Arzt am Gang noch gesagt, dass seiner Meinung nach Metoprolol für dich nicht unbedingt erforderlich sei
- 2006 bis 2007 hast du dein Buch „AFOS" verfasst
- Anfang 2008 wurde dieses Buch verlegt
- Seit 2008 hast du mit einigen Lesern nationalen und internationalen Briefwechsel
- Ende 2008 bekommst du nach mehrjähriger Einnahme von Metoprolol Schuppenflechte
- Darauf verschreibt dir der Kardiologe Dr. Taube in einer Minute statt Metoprolol das Rhytmonorm nach Bedarf
- Am Abend des 03. März 2009 nimmst du eine Tablette Rhytmonorm
- Über Nacht hast du am Morgen des 04. März einen Schlaganfall

- Dein Sohn als promovierter Pharmakologe erkennt das sofort
- Am schnellsten Weg bringt dich dein Sohn in das Spital
- Dort wirst du auf der ersten Internen bestens versorgt
- Noch am Einlieferungstag also kurz nach deinem Schlaganfall macht dich in der Neurologie Herr Dr. Vafanadis statt gesund zum „Schütze Arsch" und kränker
- Nach deiner Entlassung aus dem Spital bekommst du ein unhöfliches Schreiben wie eine „Einberufung" von der Lachnixalm
- Dann ein unhöfliches Telefonat von der Lachnixalm
- Du verzichtest unter diesen Umständen auf einen Rehab – Aufenthalt auf der Lachnixalm
- Dann kommt ein höflicher Anruf von einem Arzt der Klinik Hochrund. Weil dir eine sehr gute, Kompakte und für dich wichtige Therapie angeboten wird, nimmst du gerne die Einladung an.
- In Hochrund wirst du gut aufgenommen, du bist sogar von allen Therapeuten und von allen Schwestern sehr begeistert
- Aber da ist wieder so ein sehr eigentümlicher Arzt Dr. Hochross, der dir sehr deutlich schadet.
- Mag es einmal einen Kunstfehler geben meinetwegen, aber in einer solchen kettenartigen Reihenfolge,
- Dr. Taube,>>>Dr.Vafanadis,>>>Dr. Hochross, drei Ärzte, die sich eher wie ein unverschämter Politiker oder Religionsführer verhalten, und wahrscheinlich nichts für deine Gesundheit getan haben, sondern dir mit großer Wahrscheinlichkeit geschadet haben, du ein Leben lang mit einer Behinderung fertig werden musst und wegen der Psoriasis eine tägliche Pflegetherapie einhalten musst Das erscheint mir doch sehr eigenartig.

Freund Paul will wie Paulus Gerechtigkeit einfordern.

Denk doch nach, meinte mein Freund Paul. Hast du jemanden unbewusst beleidigt, oder verträgt jemand die konstruktive Kritik in deinem „Buch AFOS" nicht.

Möglich ist alles antwortete ich, denn es gibt nicht nur die Vielfalt, sondern auch eine hohe Wahrscheinlichkeit, dass mein Schlaganfall durch das für mich falsche Medikament Rhythmonorm verursacht wurde. Dies und die anderen Unverschämtheiten könnten durchaus bei manchen Menschen aggressive Rachaktionen auslösen.

Im Übrigen gibt es ja auch die stochastischen Prozesse und die mathematisch-statistische Verteilungskurven von Qualität und Quantität in mehr oder weniger symmetrischen Formen und das sogenannte Fehlerausgleichsgesetz.

Beides trifft auf alle Menschen zu und muss von jeden Menschen getragen und ertragen werden, wenn auch manchmal das Pendel extrem weit ausschlagen kann.

Eine pauschale, einmalige Schätzung von freud- und leidvollen Zeitabläufen wird meistens einen hohen Schätzfehler enthalten, was bei unterteilter Schätzbetrachtung nicht so sein wird.

Wenn wir die gesamte Lebenszeit in verhältnismäßig kleinere Abschnitte gegliedert betrachten und addieren, hat das folgende Vorteile:

Ein begrenzter Lebensabschnitt lässt sich besser als ein längerer Ablauf auf seine Einflussgrößen hin durchschauen, während beim pauschalen Schätzen der Schätzfehler in voller Höhe in das Ergebnis und das Empfinden eingeht, ist das beim unterteilten Einschätzen nicht der Fall.

Es gilt grundsätzlich die Formel:

$F = f / \sqrt{n}$

Dabei ist

F der Gesamtfehler in % der Zeit für einen längeren Ablauf

n die Anzahl der Ablaufabschnitte, in die dieser Ablauf gegliedert wurde und

f der durchschnittliche Fehler in % der einzelnen Ablaufabschnitte.

So kann kein pauschaler Schätzfehler in voller Höhe in das Ergebnis eingehen, weil die Wahrscheinlichkeit bei Vorliegen mehrerer Betrachtungsabschnitte
die Ungenauigkeit in der Zeitschätzung jedes einzelnen Abschnittes sich teilweise ausgleicht und man erkennen kann, dass die Person, die uns derzeit Leid zufügt auch selbst Leid erfahren wird.

Es muss nicht immer das falsch amputierte Bein oder die falsch entnommene Niere sein. Wie man sieht, genügt schon ein falsches Medikament oder das unverschämte Verhalten von Ärzten.

Es geht um die grundsätzliche Ausbildung und Einstellung der Ärzte zu den Patienten und zum ordentlichen Controlling.

Die Ergebnisse meiner jährlichen Voruntersuchungen sowie die Blutbefunde, das steht fest, waren immer sehr gut und so mag alles in diesem Krankheitsfall eigenartig erscheinen. Ich werde daraus meine Lehren ziehen, aber diesen, etwas eigenartigen Ereignissen nicht all zu lange nachhängen und mir meinen Lebensabend davon nicht all zu sehr vermiesen lassen. Wir müssen eben immer wieder damit zu Rande kommen, dass in unserem offenen, soziotechnologischen System, im Element Umwelt, uns nicht nur das Schöne, sondern auch das Hässliche begegnet.

Es gibt halt leider auch in der medizinischen Betreuung manche Parasiten, die in kranken bzw. älteren Menschen nicht das empfindende Subjekt, sondern das lästige Objekt sehen. Diese unverschämten Typen, gegen die wir uns so gut wie möglich wehren müssen, vergessen aus Arroganz, Lebensangst und Gier in ihrem Größenwahn meist, dass sie vielleicht auch einmal krank und alt werden könnten und selbst auch nur eine begrenzte Lebenszeit zur Verfügung haben. Jeder sollte sich immer wieder fragen, warum es solche Parasiten gibt.

Ich bin dankbar für die Erkenntnis und Erleuchtung, dass mir nicht der parasitäre-, sondern der symbiotische Weg näher ist und mich weiter bringt.

Woher diese Erkenntnis?

Wenn ich mich frage, woher diese Erkenntnis kommt, dann ist mir immer ein ursächliches Ereignis in Erinnerung. Es ist lange her und ereignete sich in den 1950 er Jahren. In diesen Jahren war ich im Klassischen Box – Verein Schwarz – Weiß an der Schweglerstraße in Wien Sport betreiben, um meinen Körper zu stärken.

Ich hatte damals nach meiner langjährigen Unterernährung noch viel aufzuholen.

Und Boxen ist ein starkes aber auch, was die wenigsten wissen ein intelligentes strategisches und taktisches Training. Am Trainingsanfang konnte ich an der Stange meinen Körper mit Anstrengung maximal dreimal hochziehen, nach einem Jahr Training konnte ich das mit Leichtigkeit bereits dreißigmal.

Mit fortschreitendem Training lobte mein Trainer meinen linken Ausleger und meine blitzschnelle rechte Gerade, womit ich schon einigermaßen Erfolg hatte. Ich hatte damals eben schon lange Arme von der Ferienarbeit am Bau und am Bauernhof. Nach dem dritten Jahr wollte mich mein Trainer größer aufbauen, da ging ich von einem Tag auf den Anderen nicht mehr hin, weil ich kein großer Boxer werden wollte, und auch andere Interessen hatte.

Vorher ging ich eines Abends nach dem Training mit meinem Sparingpartner in ein nettes Gasthaus noch etwas trinken. Der Durst war nach dem Training oft sehr groß. Wir standen am Schanktisch und tranken jeder einen halben Liter Apfelsaft gespritzt und unterhielten uns mit einem schwarzen Gast sehr angeregt weil dieser nicht nur nett, sonder auch sehr gebildet und weit gereist war.

Schwarze Menschen waren damals sehr selten in Wien anzutreffen. Als wir uns so unterhielten, kam mir so ein typischer Stänkerer, diese Sorte gab es damals öfters in Wien, immer näher, zupfte mich am linken Ärmel und sagte zu mir wiederholt: „Red doch net mit dem Nega, mit mia muaßt redn." Ich antwortete, lassen sie uns doch in Ruhe unser Glas austrinken. Obwohl er nicht betrunken war, schien er meine Worte nicht wahrnehmen zu wollen.

„Mit dem Nega" wiederholte er immer wieder und zupfte mich nicht nur am linken Ärmel, sondern steigerte seine Aktivität und schlug mich auch immer wieder mit seinem rechten Handrücken auf meinem Oberarm. Das war schon sehr lästig und nervte uns ungemein.

Bei dem darauf folgenden lauten „net mit dem Nega", war es mir zu viel, plötzlich zuckte meine rechte Gestreckte vor und mitten in die Visage des Stänkerers. Da lag er jetzt „net mit dem Nega", sondern allein vor uns auf dem Boden, das war dann auch nicht so lustig. Der Stänkerer rappelte sich auf, hielt seine Hände an sein Gesicht und verließ die Szene mit den Worten: „A so a Trottl." Die herumstehenden Gäste wichen verlegen und mir respektvoll zunickend zurück und das war mir dann auch noch peinlich.

Denn so etwas tut ein Boxer nicht, was ich gerade getan hatte. Das war in diesem Boxsport sehr verpönt. Mein Partner und ich tranken unsere Gläser leer, bezahlten, grüßten höflich und verließen das Lokal.

Für mich war das eine Lehre, denn eine Sozialkomponente für eine symbiotischere Gesellschaft kann man meistens nur mit dem Kopf und kaum mit der Faust und dem Ellenbogen erreichen. Das heißt aber auch, auf vordergründige Erfolge zu verzichten und in einem größeren Horizont zu wirken und womöglich überzeugen statt diktieren und lieber auf Eigenverantwortung zu setzen. Lao Tse :

Der Mensch ist weich und zart,
wenn er geboren wird;
Wenn er gestorben ist,
ist er steif und starr.

Gräser und Bäume sind biegsam und zart,
wenn sie das Licht der Welt erblicken;
Wenn sie tot sind,
sind sie dürr und trocken.
Darum ist das Harte und Starre
dem Tod nahe,
das Zarte und Nachgiebige
ist dem Leben nahe.

Das Harte und Starke wird unterliegen;
Das Weiche und Zarte wird siegen.

Denn wenn ein Gebildeter, der auf seinem Erkenntnisweg schon sehr weit gekommen ist, in einer Diskussion mit einem wenig Gebildeten, der auf seinem Weg noch nicht so weit gekommen ist, zusammentrifft, dann scheint für manche der Gebildete dümmer als der wenig Gebildete. Daher muss uns Bildung bzw. denken lernen und symbiotisches Denken viel wert sein und zwar an Geld und an Zeit. Lao Tse :

Wenn der dumme Schüler vom Weg hört,
lacht er aus vollem Hals.
Wenn niemand darüber lachen würde,
wäre der Weg nicht das, was er ist.

Ich entwickelte für mich mehr und mehr eine intelligentere Methode und wo möglich eine erfolgreiche symbiotische Handlungsweise für meine Selbstsicherheit, Selbstverteidigung und Selbstbehauptung, mit der ich, trotz mancher

Fehler, viele meiner Ziele erreichen konnte. Maßgebnd war für mich dabei diese Erkenntnis, dass es die größte Kunst und Leistung ist, die Angriffe des Gegners ohne Kampf zu eliminieren.

Bedingt durch meine Umwelt und meinen Weg der optimierten Meditation, sehe ich heute in mir nicht den Gnostiker, den Agnostiker, oder den Atheisten im herkömmlichen Sinn, sondern eher den „Vielfrommfrei".

Damit meine ich einen in vielen Dimensionen empfindenden frommen Freidenker.

Er siegt, aber er prahlt nicht;
Er siegt, aber er ist nicht hochmütig;
Er siegt, aber nur wenn es nicht anders geht;
Er siegt, aber er wendet nur soweit nötig Gewalt an.

Auch wenn der Körper stirbt –
Der Weg währt ewig.

Lao Tse aus Tao – Te – King

Literatur

Das heilende Bewusstsein
Wunder und Hoffnung an den Grenzen der Medizin
Joachim Faulstich
Knaur MesSana

Frei sein im Schmerz
Selbsthilfe durch Achtsamkeitsbasierte Schmerztherapie
ABST
Ein Praxisratgeber für Betroffene, Therapeuten,
Gruppen und Reha – Einrichtungen
Peter Tamme & Iris Tamme
Verlag: Books on Demand GmbH, Norderstedt

Zen für jeden Tag
Ganzheitlich leben
Adelheid Meutes – Wilsing, Judith Bossert
Herder, Freiburg, Basel, Wien

Zen und die Bibel
Ein Erfahrungsbericht aus Japan
J. Kakichi Kadowaki
Otto Müller Verlag Salzburg

AFOS, ein Wappen?
Gedanken über Wappen, Zeichen und Symbole
Helmut Behensky
Novum Verlag

Der Autor

Helmut Behensky wurde 1936 in Wien geboren. Hier verbrachte er seine Kindheit, überlebte die schwierige Kriegszeit, musste aber aus gesundheitlichen Gründen 1947 in die Schweiz.
Die Ingenieurausbildung absolvierte er in Wien und Deutschland.
Nach fast 45 Berufsjahren in Industrie, Wirtschaft und Lehre lebt er seit mehr als 40 Jahren in zweiter Ehe in Österreich. Natur, Literatur und Musik sind für ihn lebenswichtig.

Der Verlag

"Semper Reformandum", der unaufhörliche Zwang
sich zu erneuern begleitet die novum publishing gmbh
seit Gründung im Jahr 1997. Der Name steht für etwas
Einzigartiges, bisher noch nie da Gewesenes.
Im abwechslungsreichen Verlagsprogramm finden sich
Bücher, die alle Mitarbeiter des Verlages sowie den
Verleger persönlich begeistern, ein breites Spektrum
der aktuellen Literaturszene abbilden und in den
Ländern Deutschland, Österreich und der Schweiz
publiziert werden.
Dabei konzentriert sich der mehrfach prämierte Verlag
speziell auf die Gruppe der Erstautoren und gilt als Entdecker und Förderer literarischer Neulinge.

Neue Manuskripte sind jederzeit herzlich willkommen!

novum publishing gmbh
Rathausgasse 73 · A-7311 Neckenmarkt
Tel: +43 2610 431 11 · Fax: +43 2610 431 11 28
Internet: office@novumpro.com · www.novumpro.com

AUSTRIA · GERMANY · HUNGARY · SPAIN · SWITZERLAND